사교육없이 우리아이 영어천재 만들기

보통 엄빠도 할 수 있는

사교육없이
우리아이
영어천재 만들기

오재영 지음

'엄빠표영어'의 시대가 왔다

혼공책들

시작하는 말

세상이 바뀌었다. 이제 사교육 없이도 얼마든지 아이를 영어천재로 키울 수 있다. 그러니 비싼 영어 유치원이나 학원에 보내지 마시라. 온라인에 양질의 무료 자원이 여기 저기 널려 있다. 엄빠가 신경 써주면 얼마든지 집에 이상적인 영어 교육 환경을 만들수 있다.

아이가 부모의 지도하에, 집에서 정평이 난 책과 영상물을 꾸준히 읽고, 시청하게 하는 것이 가장 바람직한 영어노출 방법이다. 이렇게 하면 아이들 스스로가 영어를 더 잘 하고 싶은 마음도 갖게 해줄 것이다. 보통 엄빠도 충분히 할 수 있다. 유튜브, 카페, 블로그 등에 공개된 노하우가 정말 많다.

많은 엄빠들이 경쟁이 치열해진 사회에서 아이가 뒤처질 까봐 두려워한다. 그래서 어린 아이 등을 떠밀어 영어학원이나 영어유치원에 보낸다. 하지만 기대만큼 아이 영어 실력이 향상되지 않아서 실망하는 엄빠가 많은 듯싶다. 빠듯한 살림에도, 매월 많은 돈을 영어 사교육비로 지출하는 가정이 부지기수다. 안타깝다.

아이들, 특히 입학 전 아이들은 신체와 정서가 안정적으로 발달하도록 돌봐주는 게 가장 중요하다. 그런데 이시기의 많은 아이들이 학업압박, 학습부담으로 인한 스트레스를 벌써 경험하고 있다. '초등의대반?', '영어 유치원 가려고 4세 고시?' '이건 아니지' 스스로 되뇌며 이 책을 썼다.

이 책은 '영알못' 엄빠도 손쉽게 적용할 수 있는 실용서다. 어려운 용어나 복잡한 영어교육 이론설명 같은 건 없다. 알짜정보를 모은 책. 아이들이 어떤 책을 읽게 할지, 어떤 영상을 보여줄지 저자가 고민하고 연구해서 골라 담았다. 바쁜 엄빠들이 검색하는 수고를 덜어주고 싶어서. 연령별 책 리스트, 추천 유튜브 채널들, 꼭 보셨으면 하는 웹사이트들, 온라인 서점들, 영어습득에 사용할 수 있는 앱 목록 등도 수록했다. 이미 충분히 검증된 것들이므로 안심하고 이용하시면 된다.

책장을 넘기며 영어를 좋아하면서 잘하는 아이로 키우는 찐 노하우들을 접하게 되실 게다. 물론 영어 그림책 읽어주기 같은 게 처음엔 어려울 수 있다. '어색하지 않은 척' 연기를 해야할지도 모르겠다. 하지만 함 해보시라. 열매는 꿀보다 억만배 달다. 본문에서 설명하고 추천한 좋은 책과 영상물, 챗지피티, 앱 같은 자원들을 영어교육에 이용해 보시라. 아이에게 맞는 자료를 정성껏 골라 접하게 해주면, 힘들게 영어공부 시키지 않아도, 아이의 귀와 입이 뚫리는 것을 보게 되실 게다.

이렇게 부모와 상호작용하며, 매일 조금씩 쌓인 루틴은 아이들이 평생 영어를 즐겁게 연마하고 써먹게 하는 큰 원동력이 될 것이다.

끝으로, 이 책을 집어 든 엄빠들께서는 맑고 밝게 자라나는 아이들과 함께 행복하시라.

2024년 7월 지은이 오재영

목차

3장 0세 ~ 초등학교 3~4학년 아이를 위한 영어 노출 110

4장 초등 고학년을 위한 엄빠표 영어 170

5장 우리집을 영어학원으로 만들기 206

1장 유튜브와 앱으로
영어 사교육 걱정 덜기

모든 아이는 영어천재 후보다.

우리 아이도 그 중 하나다. 영리하고, 뛰어난 언어감각을 타고난 아이들만 어린 나이에 영어를 잘한다고 믿는 엄빠들이 의외로 많다. 또는 영어 잘 하는 부모를 둔 아이들만 그렇다고 생각하는 분들도 계시다. 하지만 사실은 그렇지 않다.

사례1.

저자의 지인 박*헌님의 딸은 지금 국제 NGO에서 일한다. 박*희 양은 24개월이 되어서 겨우 쉬운 단어만 말로 하고 만 세살 무렵에서야 완성된 문장을 입으로 뱉어 내기 시작했다. 부모가 걱정도 많이 했다. 하지만 농사를 짓는 박*헌님이 집에서 아빠표 영어 (요즘은 아빠표 영어 하는 집도 꽤 많다)로 가르쳐서 초등학교 6학년이 되었을 때는 다른 엄빠들이 부러워할만큼 영어를 잘하게 되었다.

사례2.

저자가 운영하는 채널의 구독자 중 한 명인 *영현님의 아들 경민이는 지금 11살이다. 초등학교에 들어가던 8살 때, 영어 영상 시청과 영어 그림책 읽기를 시작했다. 매일 각각 한 시간씩. 1년 반 정도 지났을 때 확실히 집중하는 모습을 보였다고 한다. 경민이 아빠는 특성화고 출신. 엄마는 전문대졸. 둘 다 학창시절 영어를 잘 못했다. 사는 곳도 대도시가 아니라 인구 3만명 정도되는 소도시이다. 게다가 집근처에 영어유치원은 커녕 나이에 맞는 영어학원도 없다. 하지만 경민이는 영어 말하기 대회에 나가 입상할 만큼 영어를 좋아한다.

전국의 평범한 영어실력을 가진 엄빠들께서는 시작도 해보기전에 포기하지 마시라. 오래 전엔 유전적인 재능이 아이 언어능력 향상에 결정적인 역할을 한다는 주장이 많았지만, 최근에는 그렇지 않음을 증명하는 많은 연구결과들이 발표되었다. 위에 소개된 사례들이 그 예가 될 수 있다. 요즘에는 예전에 주목받던 지능 지수(IQ)보다 근성(GRIT)이나 감성 지수(EQ)가 아이들의 학습에 더 중요한 영향을 끼친다고 말하는 전문가도 많다. 눈부신 재능이 있다 하더라도, 인내심을 가지고 꾸준히 노력하지 않으면 어떤 분야에서든 성공을 거두기 어렵지 않은가.

언어 감각이 부족한 아이도 남들보다 영어가 느는데 시간이 조금 더 소요될지는 몰라도 같은 수준에 닿을 수 있다. 올바른 방법으로 하면 이 시간도 단축할 수 있다. 엄빠께 부탁드린다. 내 아이는 영리하지 않아서, 또는 언어감각이 부족해서 안 될 거라 생각 마시길. 엄빠가 그렇게 생각하시면 부지불식중에 아이들이 눈치채고 자신감이 떨어질 수도 있다.

"엄빠가 둘 다 영어를 못해요"라며 염려하는 분들도 많이 계시다. 안타까울 뿐. 그저 효과가 입증된 방법만 아이에게 일러주면 되는 것인데. 이 책에 나오는 다양한 내용들을 시도만 해보시라. 반 클라이번 국제 피아노 콩쿠르에서 우승한 피아니스트 임윤찬의 부모님은 음악과 관련 없는 일을 하신다. 엄마 아빠 둘 다 해외유학파 전문직 종사자인데 아이 성적은 반에서 거의 꼴찌인 아이들도 많다.

부모가 노력해서 자연스러운 영어노출 환경을 만들어 주면, 아이는 영어 천재가 될 수 있다. 중요한 건 엄빠의 스펙이 아니다. 아빠와 엄마가 관련 독서와 대화, 영상시청을 통해, 아이 영어교육 방법에 대한 의견을 모으셨다면, 이미 반 이상 성공한 셈이다.

영어를 좋아하는 아이들을 둔 집의
몇 가지 공통점

첫째, 부모가 서두르거나 조급해하지 않는다. 둘째, 영어노출을 재미있게 할 수 있는 법(아이가 영어를 좋아하게 만들 아이디어)을 알아내기 위해 뇌즙을 짠다. 셋째, 아이들을 영어에 노출시키기 전, 한글책 읽기를 일정량 이상 하고, 영어노출을 시작한 다음에도 한글독서를 계속한다. 넷째 엄빠가 책, 신문 등 뭔가를 읽는 모습을 아이들이 자주 본다. 하루에 그 시간만 되면 엄빠와 누나가(형이) 책 읽는 걸 보는 아이는 운이 좋다. 다섯째, 아빠도 잠자기전 영어 동화 읽어주기나, 영상 보여주기 같은 영어 노출 활동에 참여한다. 아이 생애 전체를 보면, 엄빠가 잠자리 독서 같은 집중케어를 해 줄 수 있는 기간은 길지 않다. 여섯째, 재미있는 영어노래 듣기나 영상시청 등을 통해 영어에 자연스럽게 노출되기 시작한다. 애나 어른이나 좋아하는 일은 신나서 즐겁게 한다. 일곱째, 한국TV 방송은 거의 보지 않는다.(아예 TV가 없는 집도 많다.) TV를 없애 버린 집에는 여러 긍정적인 변화가 일어난다고 한다.

엄빠가 조급하면 아이가 평생 영어 거부자로 살 수 있다.

아이의 성장상태에 따라 자신에 맞는 속도가 있는데, 엄빠가 아이의 실력이 급속도로 늘기를 원해서 무리하게 공부를 시키는 경우가 있다. 영어 학습에서 이런 상황이 생기면 아이들은 평생 영어와 담을 쌓고 지내게 될 수도 있다. 아이가 기대에 못 미쳐도, 조금 못해도 개의치 말고 영어를 좋아하게 되도록 칭찬해 주면서 기다려야 한다. 한국사람이 어려서 우리말을 배울 때 다른 아이들보다 느리더라도 결국은 잘하게 되는 것처럼, 영어도 마찬가지다. 서두르다 아이가 자신감을 잃고 영어를 싫어하게 만들어 버리는 뼈아픈 실수는 하지 마시라.

엄빠들이 급한 이유는 대충 이렇다. 첫째, 부모의 노력부족으로 우리 아이가 경쟁에서 뒤처지면 어쩌나 하는 걱정 때문이다. 아이를 사랑해서 하는 염려이겠지만 그런 마음이 아이에게 잘못 전달되면 오히려 공부를 안 시키는 것보다도 못한 결과를 가져오는 예가 허다하다. 다른 집 아이들은 벌써 저렇게 영어를 잘하는데 우리 아이만 못하는 것 같다고 불안해하지 마시라. 그 불안감이 은연중에 전달되면 아이는 스스로를 자책하며 움츠러들고 자존감이 떨어진다. 영어가 너무 싫어진다.

아이가 빨리 영어를 잘 하게 되는 것보다 더 중요한 것은 아이의 자존감과 자신감이 강하게 유지되도록 하는 것이다. 영어습득 속도가 느리다는 것 때문에 아이가 실망감이나 열등감, 패배감을 느끼게 해서는 안된다.

두번째 이유는 어른들의 흔한 오해 때문이다. 다른 잘하는 아이들의 현재 모습만 본다. 그렇게 되기 까지의 과정은 잘 모른다. 원래 잘했다거나 재능이 있어서 쉽게 했을거라 생각하고 얼마나 꾸준히 오랫동안 어떤 과정을 거쳤는지에는 관심을 덜 기울이는 것이다. 조급해할수록 인내심은 작아진다. 여유를 갖고 이런 고민을 해야 한다. '어떻게 영어를 즐겁게 접할 수 있는 환경을 만들어 줄 수 있을까?, '이런 식으로 하다 혹시 영어를 해야만 하는 공부라고 생각하면 어쩌지?'

절대 다른 아이와 비교하지 마시길. 비교하다 보면 아이의 자존감을 떨어뜨리는 말과 행동을 하게 될 수도 있다. 더 열심히 분발하라고 등 떠밀지 마시라.

아이를 영어 천재로 만드는 엄빠들의 태도

그런 엄빠들은 아이를 끊임없이 칭찬해서 자신감을 북돋운다. 아이가 영어를 입에 담는 중에, 실수를 하더라도 지적하거나 바로잡지 않고, 절대 실망하는 표정을 보이지 않는다. 그 대신 무슨 말을 해도 집중해서 듣고, 크게 공감하는 반응을 보인다. 그러면 아이들은 영어에 노출되는 시간을 즐거워하고, 전혀 공부라고 느끼지 않는다. 아이가 영어를 학습이라 여기기전에, 엄빠와 함께 집에서 영어로 놀 수 있다면, 큰 복을 받은 게다.

아기들이 한국어 단어들을 처음으로 하나 하나 말할 때 어떤 리액션을 보여줬는지 기억을 더듬어 보시라. 우리말 발음이 정확하지 않다고, 그런 단어는 왜 입에 담지 못하냐고 어두운 표정을 지으셨는가.

고수엄빠가 아이를 칭찬하는 10가지 요령

1. 구체적으로 칭찬한다: "잘했어요"라고 말하는 대신 아이가 잘한 일을 구체적으로 설명한다. 예를 들어, "장난감 정리를 정말 잘했네."

2. 결과가 아닌 노력을 칭찬한다: 결과에 관계없이 아이가 쏟은 노력을 인정한다. "이 그림 정말 열심히 그렸구나."

3. 칭찬과 피드백의 균형: 칭찬과 건설적인 피드백을 결합하여 아이들이 배우고 성장하도록 돕는다. "숙제 잘 했어. 다음에는 좀 더 일찍 시작해 보도록 해보자."

4. 과정에 집중한다: 무언가를 달성하기 위해 취한 단계를 강조한다. "그 퍼즐을 맞추는 데 완전 집중했구나."

5. 진정성 있게: 진심 어린 칭찬을 한다. 엄빠의 눈빛, 표정, 말투 등에서 드러난다. 아이들도 칭찬이 진지하지 않다는 건 금방 느낄 수 있다.

6. 자기 칭찬을 장려한다: 아이가 자신의 노력을 인식하고 스스로에게 감사하도록 도와준다. 아이가 뭔가를 해냈을 때, 이런 식으로 질문한다. "네가 한 일에 대해 어떻게 생각해?"

7. 나아진 점을 강조한다: 시간이 지남에 따라 개선된 사항을 언급한다. "어제는 리더스북 2권 읽었는데, 오늘은 3권이나 읽었네."

8. 성장하려는 의지를 북돋워준다: 인내와 창의성 등 개발할 수 있는 자질을 칭찬한다. "이 부분에서는 창의성이 반짝 반짝 빛나는걸."

9. 보고 싶은 행동을 칭찬한다: 긍정적인 행동을 칭찬하여 강화한다. "오늘 친구를 친절하게 대해줘서 고마워."

10. 비언어적 칭찬을 사용한다: 때때로 말보다 행동이 더 큰 의미를 갖는다. 미소, 포옹, 하이파이브 등은 매우 강력할 수 있다.

이러한 요령은 엄빠가 아이를 효과적으로 칭찬하고, 아이의 성장과 발달을 위해 긍정적인 환경을 조성하는 데 도움이 될 수 있다. 아이는 부모가 기대하고 칭찬하는 만큼 잘하게 되지 않을까 싶다.

새로운 대안, 유튜브

스마트폰이나 유튜브 영상에 노출시키는 것에 대한 부정적인 선입견을 가진 엄빠들이 많다. 아이가 손에서 스마트폰을 놓지 않을 거라고 생각하거나, 소파에 기대서 넋 나간 표정으로 유튜브에 뜨는 영상들을(유해 컨텐츠 포함) 계속 보는 것을 상상하며 미리 염려하시는 것이리라. 어린 내 아이가 '책 읽기를 제일 많이 좋아했으면' 하고 바라는 것이 엄빠들의 마음이겠지만, IT기술이나 미디어를 이용해서 외국어를 습득하는 것은 대세로 자리 잡은 트렌드이고 잘 이용하면 득이 실보다 훨씬 많다. 유튜브를 잘 활용해서(자녀 보호 기능 포함), 아이로 하여금, 영어는 책상 공부가 아니라, 엄빠와 집에서 편안하게 즐길 수 있는 것이 되게 해주시라. 분명 자연스럽고 매력적인 방식으로 언어 능력을 키우는 데 큰 도움이 될 것이다.

유튜브 영상에 집착하지 않게 하려면

어른이라면 '하루 한 시간 이내 유튜브 시청'과 같은 규칙을 정할 수 있겠지만 자제력이 없는 아이들은 이게 안된다. 영상을 보기 시작하면 엄빠가 그만 보라고 말려도 듣지 않고, 불러도 대답 없이 계속 영상을 보는 아이들도 많다. 중요한 건 영상 보는 것 말고, 아이가 좋아하는 것들 몇 가지를 마련해 놓는 것이다. 다른 즐거움을 아는 아이는 영상에 중독되지 않기 때문이다. 예를 들어 엄빠와 게임(끝말 잇기, 낱말 퍼즐, 보드게임, 집에서 보물찾기 등) 하기, 크레용이나 색연필로 색칠하기/그림 그리기(요즘은 PC나 태블릿으로 그림 그리는 프로그램도 많다), 블록 만들기, 엄빠와 영상촬영 하기, 놀이터에서 놀기, 간단한 요리 거들게 하기(재료섞기 등), 인라인스케이트 타기, 친구네 집에 가서 놀기, 엄빠와 가까운 공원(아이에겐 행복한 소풍장소다!)이나 동네 산책하기, 산책하면서 나뭇잎, 돌, 꽃과 같은 물건 찾기, 엄빠와 드라이브 가기, 반려동물과 놀기(있다면) 등이다. 다른 좋아하는 것들이 있으면 영상에만 중독되는 일은 없을 것이다. 아이가 재미있어 하는 활동이 무엇인지 아시는지. 모르시면 시간을 들여, 아이가 여러 활동들을 경험하게 해주는 노력을 통해 찾아 주어야 한다. 그러면 영상을 보다가도 이러 이런 걸 하자고 하면 따를 게다.

유튜브를 효율적으로 이용하기

　요즘은 엄빠들도 유튜브를 많이 본다. 어른들은 원하는 영상을 검색해서 몇 개 보면 유튜브 알고리즘이 좋아할 만한 영상들을 알아서 피드에 띄워준다. 하지만 아이들은 아무 영상이나 보게 할 수는 없으니 엄빠가 찾아서 보게 해줘야 한다. 어떤 기기로 유튜브를 보게 하는가도 중요하다. PC에서 엣지나 크롬 같은 인터넷 브라우저를 열어서 보는 법도 있고, 스마트폰이나 태블릿으로 볼 수도 있다. 저자가 권장하는 방법은 PC를 TV나 큰 모니터에 연결해서 보여주거나, TV에 스마트폰 화면을 미러링이나 캐스팅(35페이지 설명 참조)해서 보여 주는 것이다. 아이들 시력을 위해서도 스마트폰 보다는 큰 화면이 좋을 듯싶다. 또한 다음에 나오는 유튜브 자체의 몇몇 유용한 기능도 큰 도움이 된다.

1. 자녀 보호 기능

 유튜브는 부모가 자녀의 시청 환경을 관리하고 모니터링하는 데 도움이 되는 자녀 보호 기능을 제공한다. 그 중에서 가장 대표적인 '제한모드'의 사용을 권한다.

 제한모드는 잠재적으로 부적절하거나 부적절할 수 있는 콘텐츠를 필터링하기 위해 유튜브에서 활성화할 수 있는 설정이다. 활성화하면 연령 제한 및 기타 신호에 따라 민감하거나 노골적인 콘텐츠가 포함될 수 있는 동영상을 숨긴다. 제한모드는 개별 브라우저나 장치에서 활성화할 수 있으며 어린이가 비활성화하지 못하도록 비밀번호로 잠글 수 있다. PC에서는 계정아이콘-제한모드-설정, 폰에서는 계정아이콘-설정-일반 에서 설정한다. 설정 즉시 화면검색결과가 다르게 나온다.

 유튜브와 별도로, 구글 플레이에서 YouTube Kids앱을 다운받아 시청하는 방법도 있다. YouTube Kids는 어린이를 위해 특별히 설계된 별도의 앱이다. 교육 콘텐츠, 노래, 만화 등 어린 시청자에게 적합한 동영상만 제공한다. 앱에는 자녀 보호 기능이 내장되어 있다.

2. 재생목록

 영상은 저자가 추천하는 채널 중(부록 참조)에서 아이가 좋아하는 채널을 찾아서 보시라. 맘에 들면, 구독 누르고 그 채널들의 영상을 틀어 주시면 된다. 그런데 이 경우, 구독 채널 수가 많아지면 불편할 수 있다. 그래서 '재생목록'이 있는 것이다. 거의 모든 유튜브 채널홈에는 재생목록 탭이 있다. 내용이 비슷한 컨텐츠들을 묶어 놓은 것. 아동 대상 채널의 재생목록에는 대부분 수준이 비슷한 영상들이 모여 있다. 그러므로 재생목록 하나를 선택하고 '전체재생'을 누르면, 자동으로 그 목록의 모든 영상들을 보여줄 수 있다. 아이가 좋아하는 재생목록은 다시 반복해서 보여 줘도 재미있게 본다. 재생목록을 즐겨찾기 하는 법은 1) 특정 채널홈에서 '재생목록' 탭을 누른다. 2) '모든 재생목록 보기'를 누른다. 3) 마우스 포인터가 손모양으로 바뀌면 오른쪽에 점 세 개가 나오는데 이걸 누른 후, '현재 재생목록에 추가'를 누른다. 그러면 PC 화면 좌측 하단에 재생목록이 추가된다.

언어습득인지라 표현을 익히려면 같은 컨텐츠를 여러 본 반복하는 게 제일 좋다. 허나, 만약 아이가 반복해서 보는 걸 좋아하지 않고, 새로운 영상을 보고 싶어 하면 실시간 방송을 보게 해 주시는 것도 추천한다. 그리고 아이들 대상 영어 유튜브 채널(페파피그, 까이유 등)에서 제공하는 짧은 영상들을 이어 붙인 한 두 시간 짜리 모듬영상도 보여 주기 좋다. 아이에게 보여 주고 싶은 영상만 모아서, 새로운 재생목록을 내가 원하는 이름을 정해 만들 수도 있다. PC 기준으로 설명하면 영상화면 우측 하단에 있는 저장을 누르면 나타나는 '새 재생목록 만들기'를 클릭한다. 클릭하면 재생목록의 이름을 입력해서 정할 수 있다. 그리고 나서 그 아래 '만들기'를 누르면 된다. 그러면 역시 PC 화면 좌측 하단에 내가 만든 이름의 재생목록이 추가된다. 재생목록 한 개의 영상 총길이를 한 시간 정도로 담아서 반복해서 보여 주는 것도 좋다. 이 때도 스마트폰 보다는 앞에서 말한 큰 화면이 좋겠다.

3. 시청 중단 시간 알림(스마트폰으로 미러링이나 캐스팅할 때)

영상을 보는 아이를 말리기 위해 엄빠와 신경전을 벌여야 하는 집이 많을 것이다. 아주 흔한 일이다. 이 때 시청 시간을 미리 정할 수 있는 '시청 중단 시간 알림'을 써 먹으면 된다.(정해둔 시간이 지나면 재생을 정지할 수 있도록 알려준다.) 설정방법은:

1) 유튜브앱으로 들어간다. 우측 하단에 '나'라고 되어 있는 프로필 버튼을 터치한다.

2) 우측 상단 톱니바퀴 모양 설정을 터치한다.

3) 설정에서 일반을 터치하면 제일 위에 '시청 중단 시간 알림'이 있다. 알림 빈도를 정할 수 있다. 여기서 설정해둔 시간이 지나면 영상재생이 자동으로 멈춘다.(폰 운영체제에 따라 이 기능이 없을 수도 있다)

PC로 유튜브를 재생할 때는, PC 윈도우가 제공하는 '윈도우 예약종료' 기능도 방법이 될 수 있다. 유튜브에 검색하면 방법은 간단하다.

4. 자막 이용

영상 제작자가 자막을 넣어 만든 영상의 경우 선택의 여지가 없다. 그렇지 않은 영상인데, 영어를 읽을 줄 아는 아이가 자막도 보면서 영상을 시청하는 게 더 유익하겠다고 판단된다면, 유튜브에서 자동으로 생성해 주는 자막을 보게 하면 된다. PC의 경우 영상 우측 하단에, 스마트폰의 경우 영상의 아무데나 터치하면 나타나는 톱니바퀴 모양의 설정에서 자막을 선택한 후 '영어'를 터치하면 된다.

5. 오프라인 저장

집 밖에서 아이가 영상을 보고 싶어할 때가 있다면 '오프라인 저장' 기능이 요긴할 수 있다. 모든 유튜브 영상은 모바일 기기에 저장될 수 있다. 영상화면 하단에 있는 '오프라인 저장'을 터치하면 된다. 보여줄 때는 화면 좌측 메인 메뉴에 있는 '오프라인 저장 동영상' 메뉴에서 실행할 수 있다. 마지막으로 아이를 위해 유튜브 광고를 없애 주실 것을 권한다. 별별 광고가 아무 때나 튀어나온다. 광고 없이 영상을 볼 수 있는 유튜브 프리미엄은 매달 14,900원이 들지만 다른 사교육비와 비교해보면 그리 큰 금액이 아니다.

영상을 보여 주는 요령

1. 같이 보는 습관이 있으면 최고

영상노출을 오랜 기간 꾸준히 매일 하는 게 제일 중요하다. 같은 시간에 하는 습관이 되게 해야 한다. 아침에 눈 뜨면 씻고 아침 먹는 것처럼 말이다. 각 가정의 사정에 따라 달라지겠지만, 아침에 일어난 직후와 자기 직전에 하는 건 권하지 않는다. 이 때는 책읽기에 더 좋은 시간이다. 엄빠가 설거지나 청소 등 가사일을 하는 동안 아이 혼자 영상을 보게 하는 것은 OK다. 하지만 같이 보는 게 BEST다. 아이들은 함께 보는 걸 훨씬 더 좋아한다. 함께 보며 느낌을 묻는 등, 말을 걸어 주면, 훨씬 더 집중하고 신이 날 게다. 함께 시청하는 건 아이가 건강하고 적절하게 디지털 미디어를 소비할 수 있도록 도와준다.

이동을 위해 차안에 있는 동안 아이가 스마트폰이나 태블릿으로 뭔가를 보여 달라고 할 때도, 가능하면 영어 영상을 보여 주시라. 알게 모르게 아이가 '이 시간이면 영어 영상을 보는 시간이지'라고 당연하게 생각할 정도로 일정한 루틴이 돼야 한다. 단, 영상을 처음 보여 줄 때부터, 기기 조작은 엄빠가 하는 걸로 알게 해 주자.

2. 시간을 정해서 보기

어른들에게도 영상은 중독되기 쉬운 매체이다. 스마트폰이나 유튜브 영상을 시간 가는 줄 모르고 계속 보는 성인이 얼마나 많은가? 시청하기 시작하면 끄기 어렵다. 아이들의 경우에 영상에 빨려 들어간 상태인데, 엄빠가 TV를 끄거나 해서 더 이상 못 보게 하면, 난리법석을 보게 되는 일이 흔하다. 그러므로 영상을 보여 주기 시작할 때는 항상 "언제까지 볼거야"라고 알려 주어야 한다. 그리고 끄기 전에 한 두 번 미리 "앞으로 몇 분 동안 더 본다"라고 말해 주어서 아이가 떼쓰지 않고 받아들일 수 있게 도와주어야 한다. 이런 연습은 아이가 절제할 수 있는 힘을 기르는 데도 도움이 될 것이다. 이 과정이 처음부터 쉽지는 않겠지만, 엄빠는 꾸준히 아이에게 정해진 시간을 일러주고, 끝나면 아쉬워도 다른 것을 해야 한다는 걸 알게 해 줘야 한다. 끈 다음에 바로 잘 먹는 간식을 준비해 주거나, 좋아하는 놀이를 하게 준비해 주는 방법도 있다. 하루에 한 시간이 좋을지, 두 시간이 좋을지는 가정

상황에 맞게 엄빠가 상의해서 정하시면 되겠다. 여기서 영상을 너무 많이 보면, 종이책과 멀어지기 쉽다는 점도 중요한 고려사항이다. 미국 소아과학회에서 발표한 [자녀 미디어 사용에 관한 새 권고안]에서도 2~5세 아이들의 영상 시청 시간은 1시간 이내로 제한하길 권하고 있다.

3. 반복의 효과는 영상도 마찬가지!

여러가지 다양한 영상을 보여 줄지, 영상 하나를 반복해서 보게 할지 궁금하시리라. 아이 연령과 수준에 따라 달라지겠지만, 영어를 접해본 적이 없는 유아라면, 반복해서 보게 하는 것이 더 효과적이다. 초딩만 되어도 이미 본 영상을 또 보는 걸 재미없어 하며 새로운 영상을 보려고 할 것이다. 하지만 초등학교 입학 전 아이들은 대체로 반복해서 보는 걸 더 좋아라 한다. 이럴 때 같은 영상을 반복시청 하게 하면서, 거기서 나오는 단어와 표현들에 익숙해지게 돕는 것이 효과적이다. 애니메이션 영상이라면 몇몇 대사를 따라 말할 수 있을 때까지, 노래 영상이라면 다 따라 부를 수 있을 정도가 될 때까지.

하지만 무조건 반복을 강요하시면 안된다. 어려워하거나 재미없어 하면 아이가 "또 보고 싶어" 하는 다른 영상을 찾아주어야 한다.

4. 공부라고 여기지 않게

영상을 보여 주는 대부분의 엄빠는 아이가 거기에서 나오는 단어들을 다 외웠으면 하고 바란다. 그래서 "이 말이 무슨 뜻이야?" 라고 물으며 테스트하기도 한다. 자꾸 그러면 아이들은 '엄빠가 지금 나를 영어 공부시키는 거구나' 라고 느낄 수 있다. 게임오버다. 영상을 보는 것이 재미있는 활동이 아니라, 학습으로 느끼게 하면 큰 실수다. 그 때부터는 꿀잼 영상을 보여 줘도 "나 저거 싫어" 라고 말 할 수 있다.

영상 노출을 시작한 후, 일정기간 동안은 테스트포함 어떤 학습활동도 안 하는 게 좋다. 내용을 다 이해하지 못하는 것 같더라도, 그저 재미있는 영상 보는 것을 온전히 즐길 수 있게 해 주어야 한다. 일정 기간이 지나, 학습을 해도 아이가 거부감 없이 받아들일 수 있을 것 같다는 감이 올 때가 있다. 그 때가 되더라도, 학습은 영상 시청 직후보다는 다른 활동이나 놀이를 한 이후에, 교재도 다른 걸로 바꿔서 하는 걸 추천한다.

5. 보상으로 이용하기

일정 기간 영상노출을 통해 재미를 알게 되면 대부분의 아이들은 "그거 틀어 줘"하며 그 시간을 기다린다. 이때부터는 엄빠들은 이것을 보상으로 이용해도 된다. 아이가 해야 할 다른 활동을 잘 해내면(예를 들면 식탁에서 골고루 먹으면) 영상을 조금 더 보여주는 등의 방식으로.

6. 큰 화면으로 보여 주기

스마트폰 보다는 집안에서는 TV로, 집 밖에서는 태블릿으로 보여 주는 게 좋다. 자체에 유튜브와 넷플릭스 앱이 있는 스마트TV라면 더 좋다. 귀 댁의 TV가 스마트TV가 아니라면 '무선 동글이' 사용을 권한다. 동글이는 스마트폰 화면을 TV화면에서 볼수 있게 해주는 기기다. 인터넷에 검색하면 그다지 비싸지 않은 다양한 가격대의 동글이가 나온다. 코드없이 무선으로 스마트폰 화면을 TV로 보내는 방법은 '미러링'과 '캐스팅' 두가지다. 미러링은 폰화면이 TV에 그대로 복제된다. 반면 캐스팅은 폰에서 실행된 특정앱(유튜브나 넷플릭스 등)의 영상화면만 TV에 나온다. 유튜브 영상을 실행하면서 폰으로 다른 걸 해도 된다는 말이다. 선호하는 방식으로 보여주시라.

7. 노출시기에 관하여

국제보건기구는 만 3세 이전 아이들에게는 미디어 노출을 제한하도록 권고하고 있다. 국내 다수의 영어교육 전문가도 생후 36개월이 안된 아이들에게는 영상 노출을 하는 것에 대해 부정적이다. 필자도 36개월 이후에 영상노출을 시작하는 것이 좋다고 생각한다. 하루 한 번 30분 정도부터 시작하시길 권한다. 하지만 일정 나이가 되었더라도 영상을 종료할 때 심하게 울거나 짜증을 낸다면, 이건 아직 영상을 볼 준비가 안되어 있음을 뜻한다.(아직 시간 개념이나 약속의 의미도 몰라서ㅠㅠ) 당연히 영상 노출 시기를 조금 더 미루셔야 한다.

우리말 영상도 본 적 없는 아이라면, 영어영상부터 보게 하는 것도 좋다. 엄빠가 상의하고 의기투합해서, 우리집 TV는 영어만 나오는 걸로 아이가 인식하게 되거나, 우리집에서는 '영어로만 영상을 본다는 규칙'을 받아들이면, 이상적인 환경이 조성되는 셈이다. 부모는 한국말TV와 스마트폰을 맘껏 보면서 아이에게 영어영상에만 노출시키는 것은 정말 어려운 일이다. 아이는 부모가 디지털 기기를 대하는 태도를 따라하기 마련이다. 엄빠의 노력과 희생이 필요하다.

우리말도 아직 못 배운 어린 아이에게 영어노출을 하면, 모국어 습득에 방해될까 불안해하는 엄빠들이 계실 게다. 걱정마시길. 아이들에게는 천재적인 언어습득 능력이 있어서(뇌속에 기막힌 '언어습득 장치'가 있어서) 두 언어를 혼동하지 않는다. 한국어, 영어 모두 잘 알아듣는다.

우리집 아이는 너무 늦었나요?

초등학교 고학년 아이도 영어 노출을 시작하기에 절대 늦은 나이는 아니다. 저학년이나 입학 전에 시작하면 영어에 대한 거부감이 적어서 더 좋겠지만, 고학년에 시작해도 괜찮다. 아주 많은 아이들이 초등 고학년에 영어노출을 시작해서도 영어천재가 된다. 시작시점 만큼 문제가 되는 건 영어에 노출되는 양이다. 사실 우리 주변에는 중고등 학교 다닐 때까지도 영어와 담쌓고 지내다가, 필요에 의해 또는 어떤 우연한 계기로 많은 시간 영어환경에 노출되어, 영어고수가 된 사람들이 부지기수다. 서점의 영어교육 관련 책이나 유튜브에서도 이런 사람들의 이야기를 쉽게 접할 수 있다.

다만 아이를 영어에 늦게 노출시키기 시작한다고 생각하는 엄빠들은 다른 집 아이와 우리집 아이를 비교하는 것을 삼가시라. 이 것은 영어노출에 관련된 사안만은 아닐 것이다. 더 잘하는 것처 럼 보이는 아이와 비교당하는 순간, 아이는 자신감을 잃을 수 있 다. 그러면 영어에 대한 의욕도 잃고 하기 싫어 지는 참사가 발생 할 수 있다.

늦은 영어노출 시작을 만회하기 위해 학습을 병행하려는 엄빠들 에게 하고 싶은 말이 하나 있다. 너무 어려운 교재나 자료로 너무 많은 시간 학습시키지 않도록 주의하시라. 그러면 아이가 질려 버려서 학습은 커녕 영어노출도 피하려 할 것이다. 무엇보다, 아 이가 영어를 싫어하지 않게 신경 써 주시길 당부드린다. 수준에 맞는 영어학습을 적당시간 하게 하면, 자기가 좋아하는 영상시청 (학습이라 느끼지 않은 영어노출)도 지속하게 된다. 그러면 출발 은 늦었지만 포기하지 않고 학습과 영어노출을 꾸준히 계속해서, 어느 순간 만족할 만한 실력을 갖추게 된다. 중학교, 심지어 고 등학교에 다니다가 미국, 캐나다, 영국, 호주 등으로 이민을 가서 일정 시간이 흐른 후, 원어민처럼 영어를 하게 되는 분들이 정말 많다. 시작 시점 뿐만 아니라 얼마나 지속적으로 영어환경에 노 출되느냐가 관건이다. 초등학교 고학년 아이도 자신감을 잃지 않 고, 포기하지 않고, 영어노출과 학습을 계속하게 해주면, 결국에 는 훌륭한 영어를 구사하게 된다. 아이 뿐만 아니라 어른도 뭔가 를 배우기 시작하기에 늦은 나이란 없지 않은가.

아이마다 취향이 다르다.

아이들은 재미없는 영상은 보려고 하지 않는다. 바로 거부한다. 영어교육 전문가가 강추한 영상을 엄빠가 아무리 틀어줘도 아이가 재미없어 하면 소용없다. 성인들은 자신만의 목표가 있고, 의지력이 있어서 참고 배우지만 아이들은 다르다. 영어학습 동기가 제로베이스이기 때문이다. 아마 동기가 있을 수 있다면 그저 엄빠가 그걸 원하니까, 엄빠를 기쁘게 해주고 싶다는 기특한 마음이리라.

전문가가 추천하고 대부분의 다른 아이들이 좋아해도, 우리집 아이는 재미없다고 할 수 있다. 중요한 건 시간이 걸리더라도 우리집 아이가 좋아하는 영상을 찾아 주는 것이다. 부록에 추천한 영상들 중에는 분명 있을 것이다. 하나씩 보여줘 보시라. 팁 하나

드리면 자기가 좋아하는 캐릭터가 나오는 영상을 아이들은 대체로 좋아한다.(그 캐릭터가 나오는 옷이나 책도 좋은 선물 아이템이다) 아이마다 관심사가 다르다는 것을 고려하시길. 장난감 언박싱을 좋아하는 아이, 로봇을 좋아하는 아이, 동요부르기나 춤추기를 좋아하는 아이, 그림그리기를 좋아하는 아이, 요리돕는 걸 좋아하는 아이, 반려동물과 노는 것을 좋아하는 아이, 동화책 읽기를 좋아하는 아이, 아이들은 모두 뭔가 하나쯤은 좋아하기 마련이다. 우리집 아이가 뭘 좋아하는지 아직 모르신다면 인내심을 갖고 찾아 주셔야 한다. 그런 다음, 그 좋아하는 분야의 영상을 보게 해 주시라. 이 지점이 아이가 즐거워하는(공부라고 여기지 않는) 영어노출이 시작되는 곳이다. '영어를 잘하고 싶다'는 동기가 생겨나기도 전에, 아이에게 무해하고 재미있는 영상을 잘 골라주는 것이 엄빠표 영어를 하는 엄빠의 역할 중 하나이다.

다음에 소개하는, 아이들이 좋아하는 캐릭터가 나오는 유튜브 채널들을 참조하시기 바란다. 타요타요, 로보카폴리, 레이디버그, 뽀로로, 슈퍼윙스, 콩순이, 터닝메카드, 또봇, 로봇 트레인 등. 이 중에서도 한 두개 쯤은 아이가 분명 좋아할 것이다. 영상이든 책이든 골라 줄 때, 아이 시선이 머무는 곳과 머무는 시간을 관찰해 보시라. 취향 파악에 도움이 되실 게다.

엄빠표 영어, 이 영상으로 시작하세요.

어떤 영상으로 영어노출을 시작할지 고민하는 엄빠들이 많다. 아이들이 나이와 수준에 맞는 영어 영상에 빠지게 해주면, 자기도 모르는 사이에 영어습득에 가속이 붙는다. 입학 전 아이라면 어떻게 시작할지 망설일 필요없이 '코코멜론' 채널(영어홈 www.youtube.com/@CoComelon)에서 시작하시라. 엄빠와 아이들로 구성된 가족과 아이의 친구들, 귀여운 동물들이 등장하며, 밝고 따뜻한 일상을 보여준다. 알파벳을 전혀 몰라도 아이들이 푹 빠져 드는 걸 볼 수 있을 것이다. 진짜 고퀄리티 유튜브다. 꾸준히 본 아이들은 파닉스 교육을 시켜주지 않아도, 우리 말에 없는 'r', 'f' 같은 발음을 원어민 아이들과 비슷한 입모양으로 구사하는 걸 보게 되실 게다. 해당 채널의 이 영상으로 시작하길 강추한다.

"ABC Song + More Nursery Rhymes & Kids Songs"
(조회수 11억회, 길이 35분 43초)

아래는 이 영상의 시간대별 내용 설명이다.

0:08 ABC Song: 유명한 알파벳 노래. 쉽게 ABC를 배울 수 있다. 이것 외에 ABC Song with Balloons and Animals | CoComelon Nursery Rhymes & Animal Songs 영상도 알파벳과 친해지는 영상이다.

3:39 Head Shoulders Knees and Toes: 어른들도 익숙한 멜로디 '머리, 어깨, 무릎, 발무릎발' 동요로 아이들이 신체부위 영어단어를 익힌다. 처음엔 느리다가 나중에는 빠른 리듬으로 더 신나게 부른다.

6:30 The Car Color Song: 아이들이 좋아하는 장난감 자동차에 색을 칠하는 영상을 보면서 색깔 영단어를 알게 된다. 오래지 않아 색깔을 영어로 말하게 될 것이다. 이것 외에 The Colors Song (with Popsicles) | @CoComelon Nursery Rhymes & Kids Songs 영상도 색깔을 노래로 가르친다.

10:46 Clean Up Song: 놀고 난 이후에 물건을 제자리에 가져다 놓는 장면이 나온다. 일상에서 청소하고 정리하는 좋은 습관을 알려 주는 노래. 이 영상 외에도 양치질하기, 정리하기, 씻기, 등

아이들에게 좋은 습관을 길러 주기 위해 만들어진 영상들을 검색해서 볼 수 있다. cocomelon toothbrush, cocomelon clean up, cocomelon wash your hands, cocomelon bath 등으로 검색하면 된다. 코코멜론 뒤에 원하는 내용의 키워드를 넣으면 보고 싶은 영상을 더 찾을 수 있다.

13:31 The Shapes Song: 세모, 네모 동그라미 등 도형 단어를 배우는 영상. 엄마와 아기들이 질문하고 답하며 집에서 볼 수 있는 물건이 무슨 도형인지 알려준다.

17:44 The Musical Instruments Song: 피아노, 기타, 드럼, 바이올린, 플룻, 하모니카, 실로폰 등의 악기를 곰, 돼지, 원숭이 등의 동물들이 연주하며 행진한다. 각각의 악기를 소개할 때는 해당 악기의 소리를 들려준다.

21:01 Tortoise and the Hare: 천천히 꾸준히 하는 사람이 결국 이긴다는 교훈을 주는, 잘 알려진 토끼와 거북이 동화를 경쾌한 노래와 짧은 영상으로 재구성. 아이들은 동물의 이름을 알아가는 것을 굉장히 좋아한다. "Animal Friends by Cocomelon" 재생목록에 있는 영상에는 모두 귀여운 동물들이 나온다.

24:43 Hot Cross Buns: 이 동요는 전통적으로 영국 빵집에서 만들어지는 "hot cross buns"라는 특별한 유형의 빵을 노래하는 동요다.

27:19 Daisy Bell 청혼하는 내용을 담은 동요.

29:43 Laughing Baby with Family: 아기가 아빠, 엄마, 형, 누나 등 가족과 웃으며 장난도 치면서 즐거운 시간을 보내는 영상. "Family Fun by CoComelon" 재생목록도 좋다.

31:51 Peek-A-Boo: 우리 말로 '까꿍' 놀이를 하는 아빠, 엄마와 아기

33:39 Johny Johny Yes Papa: 노래로 묻고 답하는 아빠와 아기, 인형이 나오는 영상

코코멜론 채널에는 어린 아이들이 밝은 동요로, 중요한 영어 단어와 표현들을 익히게 해주는 영상이 천 개도 넘게 올려져 있다. 아이들이 영어와 가장 자연스럽게 친해지는 방법 중 하나는 노래이다. 전 세계의 수많은 영어유치원에서 영어 동요를 이용해서 가르친다는 사실이 이를 뒷받침한다. 동요를 반복해서 들으며 따라하는 것은 검증된 언어습득 방식이라고 할 수 있다. 그래서 유튜브에는 노래로 아이들 대상 영어수업을 하는 영상이 정말 많다. 코코멜론 채널에서는 노래를 쉽고 재미있는 리듬, 적당한 빠르기로 편곡했다. 당연히 가사도 쉬워서 따라하기 좋다. 3D 애니메이션 영상을 보여주는 어린이 영어교육 채널은 많지만, 이 채널 영상의 품질은 단연 돋보인다. 구독자수도 1억 7천만명이 넘는 전세계적 인기채널이다. 가능한 많은 시간, 같이 보시길 권한다. 아이들은 엄빠와 함께 시청하는 걸 엄청 더 좋아한다. 공부가 아니라 노는 걸로 여기는 데도 도움이 될 것. 예쁜 화면과 멜로디

가 일상에 지친 어른에게도 위안을 줄 수 있다.

'슈퍼심플송'도 코코멜론 못지 않다. 아이들이 따라 부르기 좋은 노래 영상이 정말 많아서, 자꾸 보여달라고 보채는 채널이다. 컨텐츠는 무해하면서도 교육적이며, 오래 집중하지 못하는 유아들의 특성에 맞게 각 영상의 길이도 짧다. 영상에 나오는 귀여운 캐릭터가 하는 말을 아이들이 듣고 따라한다. 영어 동요가 정말 많아서 super simple songs 뒤에 주제별 영어단어를 넣어 검색해서 아이에게 보여주는 방법도 효과적이다. 예를 들면 뒤에 'numbers', 'color', 'animals', 'abc' 등을 입력하면 관련 인기 영상이 주욱 나온다.

슈퍼심플송 채널홈에는 여러 유용한 링크가 있다. 아이들 영어 노출에 도움이 되는 무료 워크시트, 퍼즐, 플래시카드, 색칠공부 페이지 등을 다운받을 수 있는 supersimple.com도 좋고, 슈퍼심플 앱을 다운받을 수 있는 supersimple.com/app도 좋다. Supersimple.com은 영어로 되어있지만 영알못 엄빠들도 염려마시라. 구글 크롬에는 자동번역 기능이 있다. 크롬 브라우저로 해당 사이트에 가거나, 구글에서 검색해서 해당 사이트에 가면, 구글 번역으로 해당 페이지를 한국어로 바꿀지 물어본다. 그걸 선택하면 된다. 그리고 linktr.ee/littlebabybum 에도 여러 유용한 사이트의 링크가 있다. 인터넷은 정말 고마운 도구다. 너무나 좋은 학습 서비스와 자료가 넘쳐난다.

여기서 한 가지 주의 사항:

영상을 보여 주는 것과 그 이후 활동(플래시카드, 워크시트 등을 포함하는)을 아이가 학습이라고 느끼고 하기 싫어한다면 바로 멈춰야 한다. 억지로 하게 하면 영포자가 될 수도 있다. 편안하게 영어를 좋아하고 즐길 수 있는, 분위기와 환경을 조성하는 것이 제일 먼저라고 생각하시라.

아이들에게 부록에 소개한 채널들중에 골라서 보여 주고, 그 중에 제일 좋아하는 것들을 틀어 주자. 이 채널들의 영상들은 모두 쉽게 따라할 수 있고, 여러 번 반복해서 보여 줘도 지루해하지 않는다. 영상의 밝은 색상과 효과음도 아이들의 관심을 집중시킨다. 몇 번만 보면, 웅얼웅얼 따라하기 시작한다. 아이가 영어를 접해본 적이 없다면, 하루 30분에서 한 시간씩 코코멜론 영상으로 영어노출을 시작해 보시길 권한다.

간격을 두고 같은 영상을 반복해서 보여 주는 것은 필수이다. 반복 없이 단어와 표현에 익숙해질 수는 없기 때문이다. 그러므로 재미있어 할 새로운 영상을 계속 찾아 주는 것과, 본 것을 반복하는 것을 적절하게 병행해야 한다. 코코멜론 채널 영상들부터 시작해서 몇 개월동안 영어 노출을 시켜주면, 아이가 더 좋아하는 것과 별로 안 좋아하는 것을 알게 되시리라. 그 때부터는 다른 추천 채널들 중에 좋아하는 걸 골라서, 매일 일정 시간씩 꾸준히 노출되는 환경을 만들어 주시면 된다.

넷플릭스 키즈 이용 방법

영어에 처음 노출되는 아이가 코코멜론이나 슈퍼심플송의 영상에 어느 정도 익숙해지면 '까이유(Caillou - WildBrain)'나 '페파피그(Peppa Pig - Official Channel)' 같은 채널을 보게 해 주시라. 까이유는 영어와 프랑스어로 출시된 대표적인 어린이 교육 프로그램이다. 재미있고 쉬워서, 미국 공영방송 PBS에서 인기리에 방영되었다. 하지만 이런 까이유나 페파피그 채널에서 옥에 티를 찾자면, 영상들이 짧고 비슷한 내용과 장르가 많다는 것이다. 길고 다양한 영상에 노출시킬 때가 되었을 때, 넷플릭스 키즈가 좋은 자료가 될 수 있다. 유튜브 채널들의 노래 영상들과 짧은 애니메이션에 나오는 기본 단어와 표현을 어느 정도 이해하는 아이에게는 이제 아이들용 넷플릭스 영화와 긴 애니메이션을 보여 줘도 된다. 주중에 너무 바쁜 엄빠는 주말에 이런 걸 같이 보시면 좋겠다.

넷플릭스 영화와 애니메이션 시리즈는 설정에서 더빙판과 자막판을 선택할 수 있는 장점이 있다. 게다가 자막도 끄기/켜기가 가능하고 한글자막/영문자막도 원하는 대로 볼 수 있다. 자막 없이 영어로 시청하는 것이 제일 좋겠지만, 아이가 어려워하면 영문자막을 켜고 보는 것도 좋다. 이해를 돕거나 흥미를 더해 주기 위해 가끔은 한글자막을 보는 것도 괜찮다. 한국어 더빙을 들으며 영문 자막을 볼 수도 있다.

넷플릭스는 사람들이 어떤 영화를 즐겨보는지에 대한 빅데이터를 가지고 있다고 한다. 그것이 비디오, DVD 대여회사에서 세계적인 대기업으로 성장할 수 있었던 이유중의 하나일 거다. 넷플릭스 키즈에는 아이들이 좋아할만한 컨텐츠가 정말 많다. 'The Willoughbys', 'Over the Moon', 'The Secret Life of Pets 2', 'Ferdinand' 등은 동물을 좋아하는 아이들이 매우 즐겨 볼 것이다. 그림 그리기를 좋아하는 아이들에게는 'Klaus', 'Loving Vincent', 'The Secret of Kells'를 적극 추천한다. 노래하는 걸 좋아하는 아이들에게는 'Sing', 'Moana', 'Trolls'를 강추한다. 수십 번 반복해서 보며 노래를 따라 하는 아이들도 많을 게다. 'The Mitchells vs. The Machines', '쿵푸팬더', '루카', '슈렉', 'Wish Dragon' 같은 영화들은 거의 모든 아이들이 즐겨본다. 이 밖에도 아이의 관심분야나 취향에 따라 아주 많은 영화들이 있으니, 엄빠들이 그에 맞게 찾아 주시면 되겠다.

영어뿐만 아니라 전세계 여러 나라 언어로 제작된 아이들용 영화가 많은데, 그 중에서도 특히 일본어로 제작된 '센과 치히로의 행방불명', '하울의 움직이는 성' 같은 인기 작품들도 영어 더빙이나 자막으로 볼 수 있다는 것도 넷플릭스의 장점이다.

넷플릭스 키즈의 대안이 될 수 있는 것은 애니메이션 영어동화 도서관 '리틀팍스'다. 영어 동화를 영상으로 시청할 수 있다. 현재 5천 편 넘는 동화를 볼 수 있고 계속 업데이트 되고 있다. 아이들이 즐겨 볼 콘텐츠가 많다. 월 만원대의 이용료가 있지만, 해로운 콘텐츠나 광고가 없어서 좋다. 단계가 나뉘어 있는 점과 음원 다운로드, 게임, 단어장 등 학습활동 자료로 이용가능 하다는 것도 장점이다.

기타 유용한 앱들

　예전에는 영어 노출을 위해 DVD를 구매하거나 대여하는 일도 많았지만, 요즘은 그럴 필요가 없어졌다. 엄청난 양의 콘텐츠가 있는 유튜브 외에도 좋은 앱(프로그램)들이 개발되었기 때문이다. 그 중 10개를 소개한다. 4번과 7번 이외에는 모두 앱스토어에서 다운받을 수 있다. 4, 7번은 홈페이지에서 이용방법을 알 수 있다.

1. 리딩앤

　레벨별로 영어책을 읽으며 영어를 학습하는 앱(플랫폼)이다. 모바일 기기로 이용할 수 있는 여러 기능과 장점이 있다. 오디오북으로 읽어 주는 음원을 들을 수 있고, 음성 인식 기능을 이용해서 발음연습도 할 수 있다. 네*버 등에서 이용경험이 있는 선배 엄빠들의 후기를 참고하시길. 현재 아이 레벨이 높더라도 제일 낮은 레벨부터 시작해서 아이가 만만하고 편하게 프로그램을 접하도록 도와주실 것. 욕심이 지나쳐 어려운 레벨부터 시작하거나 진도를 빨리 나가려고 하면, 아이가 책읽기를 싫어하게 될 수도 있으니 주의하시길 당부 드린다. ORT 퓨처팩은 리딩앤에서 읽을 수 있는 책들의 묶음이다. ORT 퓨처팩에서 책 한 권을 다 읽으면 메달을 달아준다. 그것 때문에 다 읽으려 하는 아이들도 많다. 리딩앤에서는 ORT 퓨처팩 외에도 Big Cat 퓨처팩, Lady Bird 퓨처팩 책들도 읽을 수 있다.

ORT는 옥스퍼드 대학 출판부에서 펴낸, 꿀잼 리더스북이다. 130여개국 아이들에게 30년 이상 동안 인기를 모으고 있다. 단계가 1~12단계로 잘 나뉘어 있고, 엄청 쉬운데 어마어마한 재미까지. 많은 아이들에게 '태어나 처음 혼자 다 읽은 영어책'이 된다.

2. 웅진빅박스

유·초등 영어학습 앱으로 영어단어 3,000개 마스터를 학습목표로 한다. 유튜브 영상 학습 및 플레이북, 게임형 액티비티 등이 제공된다. 만 편이 넘는 영상들을 유/초등 학습자의 연령과 관심사에 맞게 추천하여 영어영상을 재미있게 보게 해 준다. 영상의 스크립트 분석데이터로 아이가 어떤 단어에 노출되었는지 분석해서 한 영상에 제일 많이 나온 단어는 카드로 주어진다. 아이는 이런 카드를 수집하며 다양한 액티비티를 할 수 있다. 유튜브 영상을 광고없이 볼 수 있는 장점도 있다.

3. EPIC: Kids' Books & Reading

일리노이 대학 도서관에서 개발한 디지털 도서관 EPIC(Electronic Publications of Illinois Cooperative)이다. 미국의 많은 학교에서 사용하고 있다. 다양한 분야의 책을 학습자의 나이와 관심사에 맞게 추천해 준다. 인문학, 사회과학, 자연과학 등 다양한 디지털 콘텐츠를 검색해서 볼 수 있다. 읽은 책의 수와 독서 시간을 보여주며 동기를 부여해준다. 원래 미국, 영국 등 영어를 모국어로 하는 사람들을 위해 개발된 거라서 다소 수준이 높다. 그러므로 아이 레벨이 일정 수준에 오른 이후에 천천히 시도해 보시길 권한다.

4. 라즈키즈 www.razkids.co.kr

Raz-Kids는 대화형 eBook과 퀴즈로 구성된 방대한 라이브러리를 통해 어린이의 읽기 능력을 향상시키도록 설계된 앱이다. 흥미롭고 쉬운 독서 경험을 제공하여 아이들이 자신의 읽기 능력에 맞는 책을 통해 자신의 속도에 맞춰 발전할 수 있도록 해준다. 레벨별로 나뉘어 있고, 다양한 장르와 분야의 책들을 골라 읽을 수 있다. 독후활동으로 책의 내용에 관한 북퀴즈를 풀어 볼 수 있는 장점도 있다. 또한 이 앱은 엄빠와 교사가 자세한 진행 보고서를 볼 수 있어서, 자녀의 학습 여정을 모니터링하고 지원할 수 있다.

5. 링고키즈

Lingokids는 2~8세 어린이를 위해 설계된 교육용 앱으로, 어린이의 영어 학습에 도움이 되는 매력적인 대화형 콘텐츠를 제공한다. 이 앱은 게임, 노래, 비디오 등 다양한 활동을 제공하여, 학습을 재미있고 효과적으로 만든다.(소개문구에 "놀면서 학습하기"라는 표현이 있다.) 숫자, 색깔, 모양, 동물 등 다양한 주제를 다루고, 이를 커리큘럼에 통합하여 어휘력과 언어 능력을 키워준다. 엄빠는 상세한 보고서를 통해 아이의 진행 상황을 확인하고, 아이의 필요에 맞게 학습 경험을 맞춤화 할 수 있다.

6. Novel Effect

Novel Effect는 사용자가 선택한 책을 소리내어 읽을 때 실시간으로 음향 효과와 음악을 추가하여 스토리텔링 경험을 향상시키는 앱이다. 앱은 독자의 목소리를 듣고 오디오 효과를 내러티브와 동기화하여 몰입감 있고 매력적인 경험을 선사한다. 다양한 인기 동화책을 지원하여 이야기 시간을 더욱 역동적이고 상호 작용적으로 만든다. 어린 독자의 관심을 끌기 위해 고안된 Novel Effect는 어린이의 관심을 유지하고 문학적 경험을 풍부하게 해준다. 이 앱은 청각 효과를 통해 스토리에 생명을 불어넣는 독특한 방법을 보여준다.

7. 호두잉글리시 hodoschool.com

호두잉글리시는 게임처럼 몰입하여 즐길 수 있는 영어교육을 위해 엔씨 소프트와 청담러닝, 스탠포드대 연구진이 함께 개발한 영어 말하기 프로그램이다. 어휘, 문법, 발음 등 언어 학습의 다양한 측면을 충족시키는 다양한 활동과 과제가 포함되어 있다. 이 게임은 즉각적인 피드백을 제공하도록 구성되어 있어서 학습자가 실시간으로 실수를 식별하고 수정할 수 있도록 도와준다. 다양한 연령대와 레벨의 학습자에게 적합하다. 아이 혼자 하는 학습과 교실 수업 둘 다를 위해 쓰일 수 있다.

8. Mondly 3D

홀로그램과 애니메이션을 사용하여 대화형 수업을 생생하게 전달하는 증강 현실 언어 학습 앱이다. 사용자는 실제 환경에서 가상 캐릭터와 상호 작용하여 언어 연습을 더욱 몰입해서 할 수 있다. 이 앱은 다양한 주제와 시나리오를 다루며, 학습자가 역동적인 방식으로 어휘, 문법, 대화 기술을 연습할 수 있도록 도와준다.

54

Mondly AR은 증강 현실 기술을 통해 새로운 언어를 익히는 독특한 방식을 제공한다.

9. Roybi Robot

 대화형 수업과 활동을 통해 어린이에게 언어 및 기타 과목을 가르치도록 설계된 AI 기반 교육 로봇이다. 500개 이상의 레슨과 70,000개의 단어로 각 어린이의 학습 속도와 선호도에 맞춤화된 학습 경험을 제공한다. 얼굴 인식 및 감정 반응 기능을 갖춘 Roybi Robot은 친절하고 반응이 빠른 인터페이스로 아이들의 관심을 사로잡는다.

10. 핑크퐁 인기동화 앱

 동화를 좋아하는 초등학교 아이에게 추천한다. 전세계 어린이들에게 사랑받는 명작 동화들을 아주 쉬운 영어로 들려준다. 감성적인 그림책 일러스트를 기반으로, 아이들의 눈높이에 맞는 애니메이션을 구현해 아이들의 창의력과 감수성을 키우는데 좋은 디지털 자료다. 책 읽기를 싫어하는 아이들에게도 쉽고 재미있게 필수 세계 명작 동화를 접할 수 있도록 돕는다.

 위 앱들은 미취학 아동과 초등학생의 영어 학습을 더욱 흥미롭게 만드는 도구로 활용될 수 있다.

'요즘아빠'가 시간을 내어 할 수 있는 엄빠표 영어 활동들

▶ 함께 읽기(잠자리에서 그림책 읽어 주기 등)

▶ 영어 보드 게임 및 퍼즐 게임

▶ 아이를 위한 영어교육 앱 이용

▶ 영어 영상(애니메이션, 디즈니 영화, 넷플릭스 키즈 등) 함께 보기

▶ 차로 이동중에 영어 음원(그림책 음원 등) 들려 주기

▶ 유튜브 영어동요 채널 틀어주기

▶ 가정용품 라벨링(일반적인 가정용품에 영어 이름 라벨 붙이기)

▶ 주말에 중고서점에 가서 영어책 같이 구경하고 사주기

▶ 영어 학습 게임 함께 하기: 그림과 단어 맞추기, 플래시 카드 등

▶ 아이가 볼 영어(그림)책 인터넷에서 고르기(영어 원서 판매사이트에서, 184페이지 참조)

▶ 아이에게 영어로 말 걸기: 완전 영알못 아빠라면 'Hello 베이비 Hi 맘1,2' 같은 책이 많은 도움이 돼요.

이런 활동들을 하며 패밀리지(패밀리+마일리지)를 쌓은 아빠들은 이사 가는 날 냉장고 뒤에 붙어 있을 필요 없으실 게다.

2장 엄빠표 영어의 기적

입학 전 아이는 학습이 아닌 놀이를 통해 영어를 배워야

이 시기에는 아이가 잘 먹고, 잘 자고, 잘 놀게 하면서, 신체와 인지기능, 정서가 안정적으로 발달하도록 돌봐 주는 게 최우선이다. 영어 학습을 열심히 시킬 때가 아니다. 충분히 놀고 대화하며 건강하게 성장하는 아이는 이후 학습도 잘 따라온다. 하지만 학습을 강요당한 아이는 무기력해지기 쉽다.

초등학교 입학 전 아이들은 영어도 놀면서 배워야 한다. 아이가 한국말을 배울 때, 엄빠가 국어 학습을 시키나? 그저 계속 소통을 위해 말을 걸 뿐이다. 정확한 발음으로 단어 하나 하나를 들려주면서. 영어도 마찬가지다. 외국어 공부를 시키는 대신, 밝은 영어 동요를 들려주고, 예쁜 영어 그림책을 보여주면서, 아이가 영어에 대한 긍정적인 태도를 갖도록 도와주시라.

"놀면서 습득하게 하는 건 맞고, 가르치려 하는 건 틀리다"

영어 유치원에 보내야 하나?

　많은 엄빠들의 고민일 것이다. 보내시라. 망해도 3대가 넉넉히 살 재원이 있으시다면. 영어 유치원에 따라 교육의 질에 큰 차이가 있을 수 있다. 좋다는 프로그램과 커리큘럼을 선전하지만, 대부분의 영어 유치원은 놀이터라기 보다는 영어학원과 비슷하다. 아직은 학습을 할 만큼 뇌가 성숙하지 않은 아이를 외국어 학습시키는 곳에 보내지 마시라는 의미다. 학원에는 진도와 교재가 있고 경쟁해야 하는 친구들이 있다. 그러므로 노는 분위기가 아니라 공부하는 분위기라서 아이들은 긴장할 수밖에 없다. 입학 전 아이들은 영어도 학습이 아닌 재미있는 놀이를 하면서, 자연스러운 인풋이 쌓여 습득해야 한다.

　영어 유치원에서의 인풋은 매우 제한적이다. 경험 많은 원어민 교사라 할지라도 아주 쉬운 단어와 짧은 문장만을 반복해서 말

해줄 뿐. 엄빠가 기대하는 자연스러운 일상생활용 영어 인풋과는 다르다. 차라리 집에서 영어 동요 등의 아이용 유튜브 영상들을 보게 하는 것이 더 좋다. 이 영상들은 원어민 아이들을 대상으로 만든거라서 다양한 어휘와 말하는 속도가 영어 유치원 수업과는 다르다.

 더 중요한 것은 아이의 정서적 안정이다. 단체 생활이 처음인 아이가 아침부터 이른 오후까지 5~6시간 동안 집 밖에 있어야 한다. 이 시기 아이가 누려야 할 다른 활동을 못하고, 규칙과 선생님, 숙제가 있고, 결과물을 보여야 하는 유치원 교실에 머문다. 집과 너무 다르다. 영어 유치원에서 집처럼 편안하게 놀 수 있는 아이가 얼마나 될까.

 비싼 돈 들여 아이에게 스트레스(학업 압박) 주지 마시라. 유명 프랜차이즈 영유에 다니는 아이들은 보통 하루 한 시간쯤 숙제를 하며 보낸다고 한다. 관련 카페에는 영어유치원 숙제 선생님 구하는 게시글도 많다. 웃프다. 아이들이 그 어린 나이에 영어를 '힘든 공부'로 인식하거나, 영어라면 고개를 절레절레 흔들게 된다면 비극 아닌가.

 차라리 훨씬 저렴한 유튜브 프리미엄이나 넷플릭스 구독료를 내고 편안한 집에서 놀면서 영어 동요 영상 등을 보게 해 주시고, 영어 그림책을 읽어 주시라. 꾸준히 동요, 애니메이션/실사영상, 그림책에 노출시켜주면, 아이는 입학전에 영어유치원에서 학습한 아이들 보다 영어를 더 잘 습득하게 될 것이다.

여기서 주의사항: 엄빠표 영어를 한다는 목표하에 아이를 잡는
분들이 있다. 아침부터 밤까지 엄빠가 정해 놓은 공부진도 미션
들을 수행하게 하면서. 하루 종일 영어를 강압적으로 가르치려
하는 것이다. 이런 엄빠표 영어는 안 하는 게 맞다. 본인 생각에,
욕심이 너무 많고 성격이 급해서 아이를 쪼고 족칠 것 같다면, 엄
빠표 영어 하지 마시길. 올바른 엄빠표 영어는 아이가 하기 싫어
하면 아이의 의사를 존중하고 멈추는 것이다. 목표량이나 숙제/
진도가 있어선 안된다. 어린 아이는 엄빠가 무서워서, 또는 엄빠
를 기쁘게 해주고 싶어서 억지로 '영어공부'를 할 수도 있다.
하지만 이런 아이는 언젠가는 어긋난다. 억눌렸던 고통을 피해
달아나는 것이다. 진정 자녀를 사랑하는 부모라면, 외국어 공부
안 한다고 아이를 억압하고 괴롭히진 않으실 게다.

아이가 잘 되길 바란다는 명목하에 억지로 공부시킨 부모와 아
이의 관계가 나중에 틀어지는 사례가 주변에 아주 많다.

노력해봐도 우리 집 애는 안 된다는 엄빠께

아이들의 영어를 위해 엄빠들은 많은 노력을 기울인다. 그림책도 사주고, 읽어 주기도 하고, 영상도 골라 틀어준다. 하지만 아이들은 부모의 뜻에 따르려 하지 않는다. 그러면 엄빠들은 "아무리 노력해도 우리 아이는 엄빠표 영어가 안 될 것 같아요"라며 하소연하기 마련이다. 그런 분들께 질문하고 싶다.

1. "엄빠표 영어를 위해 어떤 방법들을 시도해 보셨나요?"라고. 영어책을 읽히기 위해 어떤 노력을 기울이셨는지도. 할 수 있는 모든 방법을 동원해 보시라. 책을 사줘도 읽지 않으면 엄빠가 읽어줘 보시라. 옆에 앉아 읽어줘도 듣지 않으려 하면, 오디오북 음원을 틀어줘 보시라. 슈퍼 심플송을 안보려 하면 코코멜론으로 바꿔 보시라. 집에서 영어 그림책을 안 보려고 하면, 맛있는 걸

사주고 도서관에 데려가서 다른 종류의 그림책을 함께 펼쳐 보시라. 관련 카페/블로그/유튜브에서 선배 엄빠들의 경험담도 알아보고, 나이에 맞는 책/영상도 찾아보고, 적용해 보시길. 분명 먹히는 방법이 있을 것이다.

2. "얼마나 오래 시도해 보셨나요?" 이에 대한 답은 될 때까지여야 한다. 일단 사교육이 아니라 엄빠표 영어로 아이가 영어를 습득하길 원한다면, 아이가 영어노출을 부담스럽거나 피하고 싶지 않은 편안한 일상생활로 여길 때까지 시도해야 한다. 3개월, 6개월 하고 포기하는 식이면 곤란하다. 최소 1~2년은 해 봐야 되지 않을까.

영어책을 처음 읽어 주거나, 영상을 보여 줄 때 신경질을 부리거나 우는 등 안 좋은 반응을 보이는 아이도 많다. 어느 정도 시간이 흐른 후, 아이가 배부르고 기분이 좋을 때, 다시 조금 시도해 보시라. 엄빠가 먼저 읽고. 본 후에, 좋아할 만한 것들로 골라서. 그러면 점차 거부감 없이 받아들일 수 있다.

작은 목표를 세우고 이룬 후, 조금씩 큰 목표를 세워 보시라. 처음부터 -하루에 챕터북 열 권 읽고 코코멜론 영상 다섯개씩 보기- 이런 식으로 너무 크게 잡으면 아이도 엄빠도 지쳐서 포기하기 쉽다. 하루에 슈퍼심플송 영상 1개 함께 보기, 리더스북 1단계 3권 함께 읽기- 이런 식으로 작게 잡으실 것. 달성하면 아이와 엄빠 모두 성취감과 자신감이 업돼서 더 큰 목표를 이룰 수 있을 게다.

마지막으로 다른 집 아이와 비교하지 마시라고 당부 드리고 싶다. 많은 엄빠들이 아이를 유튜브나 인스타 등 SNS에서 볼 수 있는 기막히게 영어를 잘하는 아이들과 비교하며 좌절한다. 비교는 별 의미가 없다. 그 아이가 얼마나 오래 어떤 노력을 기울였는지만 참고하시라. 비교하려면 우리 아이의 현재와 과거만 비교하시길. 일정 기간 영어노출을 했다면 분명 어느 정도는 진전이 있었을 것이다. 하루 하루 영어 노출이 루틴이 된 시간이 쌓일수록 아이의 실력은 늘어날 것이다.

시작을 두려워 마시라

아이에게 영어의 모든 것을 다 가르쳐야 할 것만 같은 부담을 느끼는 엄빠들이 있을 수 있다. 잘못해서 아이가 영어를 싫어하게 될까봐 두려워하는 분들도. 부모가 영어를 잘 못해서 시작이나 할 수 있을까 염려하거나 미리 포기하는 분들도 있다. 하지만 영어노출 시작 전 아이들은 엄빠의 영어실력에 대해 모르고 관심도 없다. 그러므로 시작할 때 아이가 영어노출을 노는 시간의 연장으로 생각하게 되면 제일 좋겠다. 그렇게 되려면 엄빠와 아이모두 여유로운 시간에 기분 좋을 때 해야 한다. 편안할 때 엄빠와 살을 맞대며 영어 동요 영상을 보거나, 엄빠 무릎에 앉아 엄빠가 읽어주는 영어 그림책 보는 것을 싫어할 아이는 별로 없다. 시간을 내어 이 책에서 추천한 영상을 틀어주거나, 영어 그림책을 정성껏 읽어 주면 된다. 엄빠가 짧은 영상을 미리 보거나, 그림책을 미리 읽어 보면 아이와 함께 즐기기에 더 좋을 것이다. 책을 읽어 주기 전 미리 모르는 단어를 찾아보면 당황할 일도 없을 게다.

 그리고 엄빠의 발음이 원어민 같지 않다고 염려할 필요는 없다. 아이는 의식하지 못하고, 앞으로 원어민들의 발음을 많이 듣게 될 테니까. 아이가 싫어하지 않는다면 세이펜 같은 도구를 이용하는 것도 괜찮다. 엄빠가 영어공부를 한다면 금상첨화다. 요즘은 유튜브와 앱 등이 있어서 영어공부하기가 정말 좋은 세상 아닌가.

영어 잘하는 부모만 할 수 있는 거 아닌가요?

저자는 온라인으로 중국어를 배운 적이 있다. 살고 있는 시 외국인지원센터의 무료 교육프로그램을 통해서였다. 줌수업이었는데 재미있었다. 담당 선생님이 유머가 넘치는 베테랑이었기 때문이다. 광둥성 선전시 출신 한족이었는데 한국에서 산지 15년쯤 된 50대 후반 여성이었다. 한국말도 잘해서 수강생들이 좋아했다. 40대 초반으로 보였는데, 나중에 수업과정이 끝나 갈 무렵 실제 나이를 알고 깜짝 놀란 기억이 난다. 그 분이 해준 개인적인 이야기 중에 기억에 남는 말이 있다. 한국에서 낳고 자란 아이들 두 명 −딸 하나, 아들 하나가 중국어를 잘 못한다는 거였다. 본인은 중국어 가르치느라 바빠서 자녀들 중국어에 신경을 못 썼다는 것. 그래서 아들 딸 모두 전세계적으로 유용한 엄마의 모국어인 중국어를 제대로 못하는 것이 속상하다는 것이다.

미국에서 사는 재미동포들의 경우에도 이런 예가 많지 않은가. 부모가 신경 쓰지 않으면 아이들은 한국말을 못한다. 중요한 건 엄빠의 영어실력이 아니라 의지다. 모국어를 습득하는 동안 부모가 의지를 갖고 영어 소리에 아이를 노출시키면, 아이는 영어도 모국어처럼 익힌다. 영어를 전혀 못하는 엄빠도 아이가 영어를 잘 하게 해줄 수 있다.

요즘은 유튜브, 넷플릭스키즈, 디즈니플러스 등에서 각종 영어 영상물을 쏟아 낸다. 영어를 유창하게 구사하는 까이유(원어민 대상 인기 어린이 TV시리즈 Caillou의 주인공) 같은 아이들을 거실에서 날마다 편안하게 볼 수 있다.

알고 지내는 유튜버 중에 국제회의 동시통역사가 있다. 아들이 초등학교 2학년인데 영어를 아예 못한다. 아빠가 일하느라 너무 바빠서 퇴근 후에 영어로 말을 많이 걸어주거나, 이야기를 해주거나 영어노출을 해주지 못했기 때문이다. 아빠가 그 어렵다는 통번역대학원을 나온 국제회의 동시통역사라고 해서 아이도 당연히 영어를 잘 할거라고 생각하는 건 맞지 않다. 엄빠의 의식적인 노력이 없이는 안된다.

질 좋은 영어 인풋을 아이에게 넣어 주는데 제일 좋은 자료 중 하나는, 원어민 아이용 애니메이션이다. 하루 종일 일하고 집에 온 엄빠는 몸이 천근만근이라 영어는 커녕 한국말도 하기 힘들 수 있다. 하지만 '코코멜론'이나 '페파피그'는 틀어 줄 수 있다. 영어 애니메이션을 이용하는 것은 꾸준히 영어 소리에 노출해 주는 데 있어서 검증된 방법이다. 엄빠표 영어의 성공여부는 부모의 영어실력이 아니라, 매일 루틴으로 영어소리가 들리는, 영어에 노출되는 환경을 만들어 주는 엄빠의 의지에 달렸다.

유아기때 영어 인풋만 주는 것에 대해

모국어가 아직 완성되지 않은 아이들은, 새로운 언어(영어)도 쉽게 흡수한다. 하지만 영어를 잘 하게 하고 싶은 마음에, 유아기에 모국어 인풋을 주지 않고, 영어만 듣고 읽고 말하게 하는 건 바람직하지 않다. 아이의 모국어습득과 인지사고능력 향상에도 좋지 않을 뿐만 아니라 또래 아이들과의 소통에도 어려움을 겪을 것이기 때문이다. 또한 문화적 정체성 확립에도 혼란이 생길 수 있다. 유아기는 언어능력에 있어 매우 중요한 시기이므로, 한국어 습득을 소홀히 하면 기초적인 언어능력이 약화될 수 있다. 어릴 때부터 이중 언어를 구사하면, 인지적 유연성이 향상되지만, 두 언어에 대한 균형 잡힌 노출이 필요하다. 한국어 능력은 아이가 미래에 교육과 직업적/사회적 상호작용을 포함해, 한국 사회에 통합되기 위해 필수적이다. 그러므로 아이의 인지 발달, 가족/친구와의 소통, 훗날 학교/직업/사회 생활을 위해, 영어와 우리말에 균형 있게 노출되도록 엄빠가 신경써 주셔야 한다.

부모의 영어실력 vs 의지와 노력

다시 재미교포 이야기를 해보자. 한국말을 거의 못하는 재미교포 초등학생들이 많다. 이 아이들 중 많은 경우, 부모는 한국어가 모국어인 한국인이고 집에서 한국말을 한다. 그런데 왜 이 아이들은 한국말이 그렇게 서툴까? 엄빠가 자녀의 한국어 습득에 별 노력을 기울이지 않기 때문이다. 반면에 같은 재미교포 가정이라도, 부모가 아이의 한국어 배우기에 신경을 쓰는 집 아이들은 우리말을 제법 한다. 그 부모들은 아이들을 한국어 교실에 매주 데려다 주고 한국어 숙제도 잘 하는지 확인한다. 집에서 한국어 책 낭독도 시키고 매일 한국어 듣기 시간도 확보해 준다. 이런 집 아이들은 한국어를 잘 구사한다.

위 예에서도 알 수 있듯이 아이의 언어능력을 결정하는 것은 (영어든 한국어든) 그 언어에 대한 부모의 구사력이 아니다. 의식적으로 꾸준히 해당 언어의 소리와 글에 노출시켜 주는 엄빠의 노력이다. 다시 말하자면 우리집 아이의 영어능력은 엄빠의 영어실력과는 큰 상관관계가 없다. 요즘은 영어를 잘 할 수 있는 환경을 만들어 줄 자원이 넘쳐난다. 유튜브, 넷플릭스키즈, 디즈니 플러스, 블로그, 여러 영어공부 앱, 줌영어, 스카이프 영어, 온/오프라인 영어 도서관 등. 부모가 아이에게 할애하는 시간과, 꾸준하게 유지되는 정성이 있으면 어느 집이든 비싼 돈 드는 사교육 없이 가능하다.

늦게 시작해도 괜찮아요

초등학교에도 아직 입학하지 않았는데, 우리 아이는 좀 늦었다고 생각하는 엄빠들이 있다. 더 일찍 시작한 집과 비교해서 그렇는 것이다. 초등학교 입학 후에 시작해도 아직 기회는 충분하다. 초등 고학년에 영어를 시작해서 나중에 잘 하게 된 아이도 부지기수다. 각각의 가정에 맞는 방법으로 지금부터 시작하면 문제없다. 아이는 중학교 이후에도 영어공부를 할 것이고, 학교 교육을 마치고 사회에 진출한 다음에도 영어가 필요하다는 점을 고려해보면, 지금도 늦지 않다. 막상 시작해보면 엄빠의 예상보다 아이들의 반응이 훨씬 좋을 수도 있다. 언젠가 학원에 가게 되더라도 집에서 영어 영상에 노출시켜 주고 영어그림책을 읽게 도와주는 것은 매우 중요하다. 초등학교 저학년이라면 아이가 관심을 보이는 영역에서 시작하시라. 관심분야라면 스트레스 없이 영어에 몰두할 수 있다. 지역 서점이나 도서관에 함께 가서 영어로 된 베스트셀러 그림책과 리더스북을 보여 주고, 이 책에서 추천한 채널의 영상들을 보여 주면, 아이가 선호하는 것을 알 수 있을 것이다.

심지어 초등 1~2학년에 시작하는 것도 전혀 늦지 않다. 어린이의 학습 능력과 유연성은 놀라울 만큼 뛰어나기 때문이다. 이 나이때도 영어를 배우기 아주 좋은 시기다. 만 7~8살의 아이는 이미 많은 언어적 기반을 보유하고 있어서, 이를 바탕으로 새로운 언어를 배우는 것이 더 쉽다. 높은 수준의 영어 능력을 갖추는 데는 시간이 걸리겠지만, 꾸준한 영어노출과 연습으로 성취할 수 있다. 중요한 것은 아이가 즐겁게 영어를 접하도록 도와주는 것이다. 아빠엄마의 지원과 격려가 아이의 영어 습득에도 가장 큰 영향을 주므로, 지금은 늦었다 생각 마시고, 함께 새로운 언어를 탐험하는 여정을 즐겨보시길.

힘든 세상이지만 엄빠표 영어 하기엔
좋은 시대

　요즘은 영어 그림책 구하기가 쉽다. 지역 도서관의 어린이 열람실에 가서 보거나 대출을 받아도 된다. 또 대형 서점마다 어린이 그림책 코너가 있다. 어떤 그림책을 먼저 보여줄까 망설여진다면 연령별 추천 그림책을 인터넷에서 검색하면 금방 찾을 수 있다. 북메카, 웬디북, 동방북스, 제이와이북스 같은 온라인 원서 전문 서점을 이용하면 편리하다. 연령별, 인기 캐릭터별, 시리즈별 등으로 분류가 잘 되어있다. 책 뿐만 아니라 워크북, 장난감 등 관련 굿즈도 구매할 수 있다. 게다가 아이들이북, 리딩게이트, 리딩앤, 리틀팍스, 에픽, 마이온, ABC에그 같은 온라인 영어도서관도 있다. 또한 넷플릭스키즈 등의 여러 OTT 서비스는 얼마나 이용하기 좋은가?

도서관 이용 팁

학교 도서관과 동네 도서관을 이용하면 비용을 많이 들이지 않고, 영어책을 충분히 읽힐 수 있다. 자유롭게 많은 책들을 펴 볼 수 있고 빌릴 수도 있기 때문에, 아이가 즐길 책을 찾을 수 있는 최적의 장소다. 아이가 다니는 학교 도서관에 영어책 코너가 있다면, 매주 정기적으로 가보시라. 거의 새 것 같은 책들도 많다. 이용가능한 도서관 모두에 엄마, 아빠, 아이의 이름을 모두 등록해서 빌릴 수 있는 책의 수를 최대로 확보하실 것. 도서관 이용의 또 다른 장점은 반납기한이다. 정해진 반납일을 알려 주면 아이들은 그 책을 어떻게 해서든 다 읽으려고 한다. 도서관에서 책을 빌리는 것을 루틴으로 삼으시길. 우리 집 책장에 준하는 수준으로 활용할 수 있게 되실 게다. 인근 도서관에서 수준에 맞는 영어 그림책 5권을 빌려 보는 경험부터 꼭 해 보시길 권한다.

가능하다면 꼭 복수의 도서관에 아이와 함께 가보자. 빌릴 수 있는 책의 종류 뿐만 아니라 분위기와 부대시설도 도서관마다 다르기 때문이다. 안에 아이가 좋아하는 음료나 아이스크림을 파는 카페가 있는 곳도 있고, 바로 옆에 함께 걷거나 앉아 쉬기 좋은 공원이 있는 곳, 또는 작은 놀이기구가 있는 곳, 무료 영화 상영을 하는 곳도 있을 수 있다. 도서관이 오랫동안 책만 읽어야 하는 곳은 아니라고 느끼게 해주시라. 도서관과 그 곳 주변의 이런 저런 재미도 알게 해 주면, 아이가 그곳을 즐거운 장소로 여기면서 책과도 가까워진다.

게다가 도서관의 영어도서 코너는 한글 책이 있는 곳보다 한산하다. 붐비지 않는 곳에서 책냄새 맡으며 함께 친밀한 시간을 보내 보시길.

엄빠표 영어를 하면서 힘을 아끼는 요령

1. 사람에 대한 기대 낮추기

육아하고 영어노출 시키는 엄빠 자신에 대해, 그리고 아이에 대해 너무 높은 기대를 하지 마시라. 힘든 세상 하루 하루 살아내는 것만으로도 잘 하고 계신 것이니. 결혼을 하고 아이를 낳으신 것만으로도 어마어마한 일을 해내셨다! 게다가 엄빠표 영어에 관심을 가지고 이 책을 산 것도 대단하시다. 육아나 영어노출이 힘들다고 느껴질 때, "이만하면 괜찮아, 잘 되고 있어" 라고 스스로에게 말해 주시길. 작은 성취 —예를 들면 아이가 거실에 깔아 놓은 영어 그림책을 손으로 만졌을 때, 또는 아이가 '코코멜론'을 1분이상 가만히 보았을 때' —에 바로 바로 아이와 스스로를 칭찬하고 감사하자. 엄빠표 영어도 너무 큰 기대없이 시작해야 지속적인 성공으로 이어질 가능성이 커진다.

2. 온라인에서 소통하기

유아영어 관련 블로그, 맘카페(강남엄마 vs 목동엄마), 사이트(쑥쑥닷컴-suksuk.co.kr), 잠수네 커가는 아이들(www.jamsune.com), SNS 등에서 다른 엄빠들과 소통하시라. 아무도 공감해주지 않으면 어쩌지라는 두려움을 용기로 바꾸어 전체공개로 게시판 등에 글을 올려 보시길. 분명 공감해주는 사람들과 소통의 장이 열릴 것이다. 글에는 쓴 사람의 생각과 장단점 등 많은 것들이 드러날 수 있기 때문에, 글을 올리는 것은 쉬운 일이 아니다. 하지만 먼저 열린 마음으로 본인의 육아나 영어노출에 대한 생각이나 고민을 털어놓고 나면 후련할 것이다. 그리고 공감해주는 사람들도 생기고 많은 엄빠들의 경험담을 듣고, 지혜를 얻을 수 있을 것이다. 또 이런 글을 써서 올리다보면 엄빠로써의 자기를 들여다보고 성찰과 반성도 하게 된다. 때로는 힐링도 되고, 동료 엄빠의 참신한 아이디어도 얻고, 목표를 새롭게 다지기도 한다.

이미 온라인 게시판에서의 소통을 통해 정말 많은 분들이 육아와 영어노출이라는 힘든 과정을 성공적으로 통과했거나 통과중이다. 관련 카페나 블로그에 우리 아이와 나이가 비슷한 엄빠표 영어 동지가 있을 것이다. 엄빠표 영어 관련 유튜브를 구독하고 블로그를 이웃추가해서 댓글로 궁금한 점을 질문하시라. 서로의

글을 읽으며 재미와 보람을 느끼며, 배우고 함께 성장한다. 평범한 사람들이 전문용어 없이 쓴 글들이라 읽기도 쉽다. 비대면이지만 서로 감사하다고 배워간다고 힘내자고 말하며 지친 순간 빠이팅하게 된다. 인간은 타인과의 소통으로 강한 동기유발이 된다. 덤으로 온라인/오프라인 친구도 생길 수 있다.

3. 아이어록과 영어노출 관찰일지 쓰기

아이어록(아이가 내뱉은 말을 적어 두는 글)과 영어노출에 관한 관찰일지를 쓰시라. 관찰일지는 함께 읽은 그림책, 함께 들은 슈퍼심플송, 함께 앉아 본 코코멜론 등에 관한 것이다. 그림책의 어디를 손으로 짚었는지, 노래를 따라 불렀는지, 그 노래를 들으며 어떤 몸짓을 했는지, 영상을 보며 어떤 반응을 보였는지 등. 관찰일지를 적으면 비록 '바쁜 부모지만 내가 아이에게 이렇게 해줬구나, 아이와 함께 이런 경험을 하고 이런 기쁨을 누렸네' 라고 되뇌게 된다. 엄빠로서의 자존감도 더 좋아지고, 큰 위로를 얻으실 게다. 부모의 자존감은 엄빠와 아이의 삶의 질에 엄청 큰 영향을 미친다. 자존감은 문제해결능력과 회복탄력성과도 직결된다.

영어 노출을 하다보면 아이가 거부할 때가 많을 것이다. 아이의 거부는 무시하면 안 되는 중요한 신호다. 이럴 때도 관찰일지는 도움이 된다. 언제 어떤 상황에서 아이가 무엇을 거부하는지도 기록해 두면, 스스로 고민이나 다른 엄빠들의 지혜를 통해 해결할 수 있다. 엄빠가 화나고 좌절하는 빈도도 줄여줄 것이다. 아이의 상태와 마음을 더 잘 헤아려주는 부모가 되는 데도 관찰 일지는 유용하다.

엄빠들에게 다시 요약해서 권한다. 아이어록 뿐만 아니라, 아이를 위해 하는 사소한 일, 큰 일들 모두를 기록으로 남겨 두시라. 일지, 블로그, SNS 등으로. 틈틈이 다시 보면 '우리도 꽤 괜찮은 엄빠구나' 라는 생각이 들 것이다. 잘 키우고 혼자 서게 잘 도와줄 수 있겠다는 자신감도 상승하리라. 또한 아이와 함께 한 그 순간 순간의 즐거움과 기쁨을 더 오래 누릴 수 있을 것이다.

엄빠표 영어의 부산물

 엄빠의 영어 실력이 향상된다. 우리 나라에서 태어나고 자란 엄빠들은 보통의 경우 영어책을 많이 낭독해본 경험이 없다. 쉬운 영어가 나오는 영어 영상을 시청해 본 경험도 별로 없다. 아이에게 영어책을 읽어 주느라 쉬운 영어를 많이 규칙적으로 낭독하다 보면, 그리고 짧고 쉬운 문장이 나오는 영상을 자주 접하다 보면 영어 기초가 쌓이고 실력이 는다. 쉬운 내용을 많이 흡수하는 것이 언어습득의 기반이 되어 주기 때문. 아이가 재미있어 하는 것을 보고, 책 읽는 재미를 뒤늦게 알게 되어, 독서를 즐기게 되는 엄빠들도 꽤 많다. 독서를 즐기는 것은 큰 축복 아닌가.

 엄빠표 영어를 잘 해낸 분들은, 자녀와의 관계도 대체로 좋다. 사춘기를 지나, 그 이후까지 잘 지내신다. 많은 시간을 들여 같이 책과 영상을 보며, 공감하면서 대화한 부모들이 누리는 당연한 열매라고 생각한다.

지루하지 않게 영어책 읽어 주는 노하우

 무엇보다, 엄빠가 아이의 나이와 수준에 맞는 책을 고르는 노력
이 필요하다. 영어 원서 쇼핑몰, 유아 영어 관련 블로그 등에서
정보를 찾을 수 있다. 시작할 때는 아이가 좋아하는 인기 캐릭터
가 나오는 아주 쉬운 책으로 하길 권한다. 한글책을 이미 자주 읽
는 아이라면, 좋아하는 한글책과 비슷한 분위기나 장르의 책을
선택하는 것도 좋은 방법이다. 뽀로로, 페파피그, Olivia, Dora
and Diego 등은 아이들을 수월하게 책읽기의 세계로 안내하
는 도우미들이다. 아이들이 좋아하는 캐릭터(뽀로로, 까이유, 페
파 피그, 메이지 마우스, 맥스 앤 루비, 리틀 베어, 다니엘 타이거
등)가 나오는 책들을 사주면, 대부분 자꾸 보려고 한다. 이런 캐
릭터(모두 유튜브 영상도 인기다)들을 보면서 하는 읽기는 학습

이 아니라, 놀이처럼 느끼게 하는데 도움이 될 것이다. 책 읽기는 아이가 끊임없이 스스로 생각을 하게 한다. 얼마나 안전하고 즐거운 교육방법인가?

 편안한 환경(좋은 조명이 있고 방해 요소가 최소화된 아늑한 독서 공간)에서 매일 읽어 주시라. 매일 하는 좋은 루틴의 힘은 정말 세다. 어린이 책은 분량이 적지만 처음에는 한 권만 읽다가 아이가 더 원할 때 권수를 늘리면 된다. 아이가 한 권 더 읽어달라고 할 때만 늘려 나가도 금방 5권 10권을 읽게 될 것이다. 아이가 싫어할 때는 양을 줄이거나 읽기를 끝내야 한다. 왜 못 읽는지, 왜 더 읽으려고 하지 않는지 답답해하며 아이를 힘들게 하면 엄빠와 편안한 분위기에서 아이가 읽기에 흥미를 갖는 일은 남의 집 일이 된다.

 읽어 줄 때 발음을 모르는 단어는 스펠링 그대로 발음해도 된다. 뜻을 모르는 단어가 나와도 당황하지 말고 그냥 읽어주시라. 아이는 눈치채지 못하고 재미있어 할 것이다. 엄빠가 즐겁게 읽어줄 때 아이는 더욱 그 책에 흥미를 느낀다. 엄빠의 독서에 대한 열정은 아이에게 전염된다.

 아래 나오는 여러 방법들을 참조하시길;
1) 아이가 가만히 듣게만 하기
2) 목소리와 표정을 바꿔가며 읽어주기(다양한 캐릭터에 다양한 목소리와 말투를 사용하고, 표정을 바꿔주면, 이야기에 생기를

불어넣을 수 있다. 몸짓 연기도 가능하시면 엄치 척척!)

3) 아이 참여시키기: ① 때때로 읽을 책을 아이가 선택하게 한다 (관심과 흥분을 증가시킨다) ② 질문하기: 다음에 일어날 일이나 등장 인물의 감정에 대해 개방형 질문을 해서 아이가 이야기에 대해 생각하게 만든다. ③ 대화형 읽기: 책에서 질문을 하거나 행동(예: "빨간 풍선을 찾을 수 있나요?")을 묻는 경우, 아이가 답해 보게 한다.

4) 책 음원을 같이 따라 읽기

5) 세이펜으로 책을 누르며 음원 따라 읽기

6) 가족이 함께 소리내어 읽기(한 문장씩/한 페이지씩 엄빠와 아이가 교대로 읽기와 같이, (가능한 경우) 엄빠 모두와 언니, 오빠 등 다른 가족 구성원을 포함시켜 온 가족이 공유하는 활동이 되면 훨씬 즐거워진다.

7) 어쩌다 단어 하나씩만 아이에게 읽어 달라고 조르기

8) 책 읽는 모습 촬영하며 읽어보자고 하기

9) 목 아프다고 뻥치면서 한 문장만 읽어 달라고 떼쓰기

10) 캐릭터들의 대화가 나오는 부분 롤플레이 읽기

11) 아이 혼자 낭독하면 용돈주기 등등.

안 읽으려고 하는 아이가 책을 읽게 하고, 더 즐거운 독서를 하게 할 방법은 시도 횟수가 늘수록, 시간이 갈수록 더 많아 질 것이다. 독서에 대한 사랑을 북돋우는 재미있고 신박한 귀댁만의

노하우들이 쌓여 가길 바란다.

 아이의 관심분야 책으로 시작하시라. 아이의 관심사를 알려면, 당연히 일상속에서 자주 아이와 대화를 해야 하실 게다. 관심분야를 알아내는 것은, 함께 하는 루틴(식사 시간이나 산책 같은)이 많은 엄빠에게 더 수월할 것이다. 대화하다 보면 아이가 자주 이야기하는 것이 있을 텐데, 그게 바로 아이의 최대 관심사다. 예를 들어, 요즘 아이가 뽀로로 이야기를 많이 한다면 뽀로로가 나오는 책을, 초콜릿이 먹고 싶다는 말을 자주 한다면 초콜릿의 종류, 만드는 법, 역사 등에 관한 책을 구해 주시라. 한 권 읽는 데 30초 걸리는 책이라도 끝까지 읽으면 반드시 축하해 주자.

 유연하게 행동하시길. 아이가 흥미를 잃으면 책을 내려놓고 나중에 다시 시도해도 괜찮다. 그리고 진행 속도를 존중하시라. 어떤 아이들은 한 페이지에 머물면서 이야기하고 싶어하는 반면, 다른 아이들은 책을 빠르게 넘기고 싶어할 수 있다. 아이가 원하는 속도로 맞춰주자.

레벨에 맞는 책 골라주는 법

책의 수준이 자녀의 읽기 능력에 적합한지 확인하는 건 아주 중요하다. 챕터북을 기준으로 하면, 모르는 단어가 한 페이지에 세개에서 다섯개 정도 있으면 적당한 수준이다. 그 이상이면 아이에게 어렵다. 무리 없이 첫 페이지를 읽는지 관찰할 필요가 있다. AR지수와 Lexile 지수를 참고하는 것도 방법이다.

AR지수(Atos Book Level로도 불림)는 단어 길이, 단어 수준, 문장 길이, 텍스트의 복잡성과 같은 요소를 기반으로 산출된다. K레벨부터 12레벨까지 구성되어 있다.(미국 교과 커리큘럼에 맞춘 학년 수준을 의미). AR지수는 www.arbookfind.com에서 확인할 수 있다. 책 제목으로 검색 가능하다. 예를 들어 AR BL(book level) 3.6은 초등학교 3학년 6개월 수준임을 나타낸다.

렉사일 지수는 미국 교육연구기관인 메타메트릭스에서 개발한 독서능력 평가지수다. 책의 렉사일 지수는 단어의 빈도나 문장 길이 같은 특징을 분석하여, 텍스트의 복잡성을 나타낸다. hub. lexile.com에 있는 LEXILE TOOLS 바로 밑 'Find a Book' 을 클릭해서, 책 제목을 입력하면 나온다. (OL에서 1200L 이상 의 범위로 표시됨, 아래 정리된 표 참조) 아이의 리딩 레벨을 올 리려면 적당한 수준의 책과 약간 어려운 책을 교대로 반복해서 읽게 하면 효과적이다. 레벨을 너무 빨리 올리려면 안된다. 리더 스북을 기준으로 하면 2단계 100권쯤 읽고 3단계로 넘어가는 식 이어야 한다. 더 쉬운 수준을 원하면 늘 아이가 '갑' 이다. 더 제대로 이해하고 싶어하는 기특한 마음을 기쁘게 받아 주시길.

모두 새 책을 구매할 필요는 없고, 중고서점과 학교/도서관을 자 주 방문해서 구매/대여해 주시라. 다음은 영어 책 대여 서비스를 제공하는 네 곳이다. 예스스쿨, 민키즈, 똑똑한 부엉이, 북팡

OL ~ 200L	유치원 ~ 1학년
200L ~ 400L	1학년 ~ 2학년
400L ~ 600L	2학년 ~ 3학년
600L ~ 800L	3학년 ~ 4학년
800L ~ 1000L	4학년 ~ 5학년
1000L ~ 1200L	5학년 ~ 6학년
1200L 이상	중학생 이상

책 표지를 보면서 이야기를 나눠 보세요

모든 그림책 작가는 표지 그림을 어떻게 할까 많은 생각을 한다. 아이들에게 어필하는 그림을 그리기 위해 뇌즙을 짜는 것. 아이가 좋아하게 될 캐릭터가 그려진 경우도 많다. 그런 책 표지의 그림을 보면서 대화하면, 아이가 책에 더 큰 관심을 가지게 할 수 있다. 표지에 나온 동물 이야기, 음식 또는 제목에 있는 단어에 관한 대화도 좋다. 이런 대화를 통해 아이의 호기심은 강해진다. 보통 엄빠도 이런 대화를 할 수 있다. 엄빠가 먼저 책을 읽은 후라면 더 좋겠지만, 아이와 함께 처음 보는 입장에서도 충분히 가능하다. 책표지를 통한 짧은 대화도 아이들에게는 큰 의미와 감동이 될 수 있다.

영어독서의 장애물들

1. 거실에 있는 TV

확실히 방해된다. 재미있는 게 계속 나오기 때문. 아이는 심심해야 책으로 눈을 돌린다. 그러니 TV는 아이의 주생활 공간이 아닌 안방이나 다른 곳에 두길 권한다. 엄빠의 결단과 희생이 필요하다. 아울러 TV는 어릴 때부터 약속된 시간에만 볼 수 있는 것으로 알게 해주고, 리모컨은 엄빠만 만지는 것으로 알게 해 주시라. 심심해하면 충분히 심심하도록 놔 두시라. 집안 이것 저것에 눈길을 주다가 결국 책을 집는 습관을 갖는 데 큰 도움이 될 것이다. 거실 곳곳에 다양한 책을 깔아 두시길. 오디오북 음원도 가끔 틀어 주면서 책 읽어 주기도 시도해보시라.

2. 스마트 기기(핸드폰, 태블릿, 아이패드 등)

이런 기기들을 켜면 게임도 할 수 있고 재미있는 영상도 나온다. 아이들이 빠져 들면 책읽기는 어렵다. 어른도 그렇지 않은가? 최대한 늦게 아이가 이런 기기들을 다루도록 해주시라. 아이가 떼를 쓰면 아이들에게 이런 기기들을 주는 부모들이 많다. 잠깐이라도 쉬고 싶어서. 이해한다. 하지만 조금이라도 아이가 이런 기기로 영상을 보거나 게임을 하게 해주면, 점점 더 많이 원하게 될 것이다. 그러니 아이가 징징거리면 스마트기기 대신 그림을 그릴 수 있는 펜과 종이를 주거나, 만지기 좋아하는 장난감이나 인형을 쥐어 주거나, 그림 책을 챙겨 주시라. 심심해하면 또 충분히 심심하도록 놔 두시라.

3. 수면 부족

충분한 수면이 부족하면 집중력과 인지 기능에 영향을 주어 독서가 더 어려워질 수 있다. 한국은 어린이들이(특히 초등학생들) 방과후 학원에 다니고 밤늦게까지 공부하는 등의 엄격한 교육 시스템으로 유명하다. 이로 인해 적절한 수면을 취하지 못하는 아이가 실제로 많다. 우리 나라 어린이의 수면 부족문제는 어른의 그것과 밀접하게 연결되어 있을 게다. 노동 시간이 길고 헌신과 생산성을 크게 강조하는 직장문화(퇴근시 상사/동료 눈치 보기 포함)와, 일과 성공에 비해 수면이 덜 중요하다는 문화적 인식 말

이다.(수면을 희생하는 것이 종종 노력과 헌신의 표시로 간주되는 등. 시대가 빠르게 변하고 있는데도ㅠㅠ)
귀댁의 아이는 연령대에 맞는, 건강한 성장에 필수적인 충분한 수면을 취하고 있는지 묻고 싶다.

영어 책 읽는 아이에게 삼가야 할 행동

1. 책 읽는 중에 "요 단어가, 이 문장이 한국말로 무슨 뜻이야?" 라고 묻기

아이가 영어책을 읽는 도중에 위와 같은 질문을 하는 건 바람직하지 않다. 영어노출을 시작하는 아이들이 읽는 책은 그림위주로, 단어 몇 개 또는 몇 개의 문장이 이해되기 쉽게 만들어졌다. 따로 설명이나 해석을 해주지 않아도 된다. 아이는 엄빠가 읽어주는 소리를 귀로 들으며, 또는 혼자서 눈으로 그림과 글자를 보면서 자연스럽게 뜻을 이해한다. 한국말로 바로 바로 해석이 가능해야 잘 읽는거라는 고정관념에서 벗어나시라. 아이를 난처하게 하는 저런 질문은 자제하시길 권한다. 기특하게 책을 읽고 있을 때는, 아이가 제대로 이해하고 있는지 궁금하시더라도 그냥 넘어가 주시라. 책읽기에 빠져 있는 것처럼 보일 때는, 절대 방해해선 안된다.

2. 부정적인 피드백 질문

"이 거 다 읽었어요" 엄빠에게 책 한 권 다 읽은 것을 칭찬받고 싶어서 아이가 이렇게 말한다. 이 때 반응이 중요하다. "잘했네, 멋지다, 엄빠는 읽어보지도 못한 책을 벌써 읽었다니 대단한 걸" 이렇게 긍정적인 피드백을 주어야 한다. "진짜 다 읽었어?, 대충 건너뛰며 읽은 거 아냐?, 무슨 내용인지 이해는 한거야?" 이런 식으로 부정적인 반응을 보이면, 아이의 표정은 어두워진다. 엄빠가 자기를 믿어주지 않는다고 느끼며 기분이 나빠진 것이다. 물론 아이가 책의 내용을 다 이해했는지 확인하고 싶어서 그런 질문을 하는 것이다. 하지만 계속 이렇게 반응하면 아이는 책을 멀리하게 될 수 있다.

앉아서 책을 펴고 읽었다는 자체가 중요하다. 책의 내용을 꼼꼼히 읽지 않았다고 무슨 일이 나는 것도 아니다. 독서행위 자체를 인정해 줘야 한다. 책에 쓰여진 컨텐츠를 기억하고 배우는 것보다, 책 읽는 습관을 심어주는 게 훨씬 더 중요하므로. 차라리 "그 책 읽고 나니 어떤 느낌이 들어"처럼 느낌을 간단히 묻는건 괜찮다. 또는 아이가 대답을 잘 할만한 걸 물어보고, 답을 하면 칭찬 듬뿍 해주자.

3. 새 책만 읽게 하기

아이가 같은 책을 반복해서 읽는 것을 부정적으로 생각하는 엄마들이 있다. 반복독서는 아이들이 경험해야 하는 통과의례다. 이를 통해 책에 몰입하는 경험을 한다. 깊이 있는 독서로 이어지는 것. 자연스런 발달 과정의 일부이다. 몇 개월 또는 심지어 1년 동안, 한 작가의 책 시리즈 하나만 반복해서 읽는 아이들도 있다. 구석에 혼자 앉아서, 그 책만 본다. 전혀 문제없다. 왜냐하면 보통 이런 아이들은 그 작가의 다른 책에도 관심을 보이며 읽기 시작하기 때문. 또한 깊이 있는 독서를 일단 경험하면 관심분야는 확장하기 마련이니까. 그러니 아이가 같은 책을 계속 읽고 또 읽으려 할 때 부정적인 반응을 보이지 마시라. TV나 휴대폰을 계속 보는 것 보다는 백배는 더 낫지 않은가? 게다가 아이는 독서를 즐기는 중이고, 그 책을 완전히 자기 것으로 만들고 있는 중이므로. 어차피 가만 두어도 머리가 클수록, 책이든 영상이든 반복해서 보는 걸 덜 좋아하게 된다.

4. 낭독을 강요하기

요즘 인스타나 유튜브에서 아이들이 영어책을 소리 내어 멋지게 읽는(낭독)하는 영상을 쉽게 찾아 볼 수 있다. 물론 소리 내어 읽기는 언어를 배우는 효과적인 방식이다. 하지만 아이가 이걸 싫어한다면 억지로 밀어붙이지 마시라. 아이들은 모두 성향이 다르다. 책 읽는 모습을 다른 사람들에게 보여 주는 걸 좋아하는 아이. 조용히 혼자 읽는 걸 더 좋아하는 아이 등. 책을 안 읽는 것보다는 아이가 원하는 방법으로 읽는 게 훨씬 더 낫다. 게다가 시간이 흐르면 아이들의 책 읽는 방식은 변한다. 책이 두꺼워지면 소리 내어 읽기를 좋아하던 아이도 점점 묵독으로 기울 수도 있고, 반대로 입다물고 조용히 읽던 아이도 낭독의 재미를 알게 될 수 있다. 그러니 하나의 읽기 방법을 강요하지 마시고, 아이가 선호하는 방법으로 편안하게 독서를 즐길 수 있게 도와주시라. 아이가 기분이 좋을 때, 몇 가지 다른 읽기 방식을 시도해 보도록 권유만 해주면서. 언제든 자발적으로 낭독을 하면, 여러 군데 틀리게 읽더라도 폭풍칭찬 해주시라.

5. 엄마 취향대로 또는 주변에서 추천해 준 책만 골라주기

연령별 영어 그림책 추천 리스트 등에만 의존하시면 곤란하다. 책 선택이 잘못되면 아이가 독서의 재미를 알게 되기가 어려워진다. 아이들의 취향은 모두 다르다. 평소에 아이들을 세심하게 살펴야 아이가 좋아할만한 책을 고르기가 쉬워진다. 영어책이 있는 도서관이나 서점의 영어 도서 코너에 데리고 다니면서 여러 종류의 다양한 아이들 책을 보여주고, 반응을 관찰하는 노력도 필요하다. 아이가 흥미를 보이는 책을 먼저 읽게 해 주어야 책 읽는 즐거움을 더 일찍 발견할 것이다. 지들이 좋아서 고른 책은 엄청 몰입해서 읽는다.(집중력 쎄지는 중!)

6. 정자세로 책상에 앉아서 읽게 하기

아이가 누워서 읽든, 엎드려서 읽든, 데굴데굴 구르며 읽든, 어디 삐딱하게 기대어 읽든, 구석에 쪼그려 앉아 읽든, 사탕을 빨며 읽든, 그냥 놔두시라. 이런 모습을 못 견디는 엄빠도 있다. 아이들은 어른들과 달리, 책상에 바른 자세로 앉아 독서하는 걸 힘들어 한다. 어디서 언제 어떤 자세로 책을 읽든 상관없다. 자유롭게 편하게 책을 읽을 수 있도록 도와주시라. 언제 어디서든 독서를 즐기는 성인으로 성장하는데도 도움이 될 것이다.

7. 아침에 일어나면 TV부터 켜기

아침은 자극이 덜한 매체를 보며 시작하는 것이 좋다고 생각한다. 아이가 등원이나 등교를 준비할 때 습관적으로 TV를 켜지 마시라. 그 대신 음원만 나오는 오디오북을 틀어주거나 5분, 10분이라도 책을 읽도록 지도해주시라. 운동을 하면 몸이 튼튼해지듯, 아침에 책을 읽으면 머리가 좋아진다고 말해주시라. 실제로 아침에 책을 읽으면, 하루의 시작에 두뇌가 자극되어 기억력, 집중력 등 인지 기능이 향상되어 아이의 지적 능력 발달에 도움이 된다는 연구결과가 많다. 이 시간엔 아이가 집는 책이면 어떤 책이든 오케이. 아침독서 습관이 더 중요하므로. 아침을 독서로 시작하는 습관이 몸에 밴 아이는 나중에 분명 엄빠에게 고마워할 것이다.

영어노출 잘하는 엄빠가 하는 것들
VS 하지 않는 것들

하는 것들	하지 않는 것들
큰 화면으로 영어동요, 애니메이션 틀어주기	비싼 영유 보내기, 원어민 과외 시키기
계속 작은 성취에 즉시 칭찬하기	파닉스 교재로 훈련시키기
영어노출 전후에 충분히 놀고/쉬게 하기	시간표 빡세게 짜서 돌리기
아이가 영어로 질문하면 영어로 답하기	아이 발음, 말하기 등을 평가/교정하기
쉬운 책 반복해서 보여 주기/읽게 하기	TV를 배경으로 틀어 놓기
유튜브 프리미엄 등으로 광고 없애주기	단어 외우게 하기
엄빠가 상의하며 둘 다 참여	배우자 한 명만 독박 담당
(아이와 동행 시)읽을 거리 가지고	(아이와 동행 시)휴대폰으로 한국어
다니기	영상 보기

고수 엄빠가 아이와 대화하는 기술

대화는 아이를 잘 성장하게 한다. 또 아이와의 솔직한 대화는 뜻 밖의 해결책을 주기도 한다. 아이는 그 대화를 통해 평생 기억할 교훈을 얻기도 한다. 아이와 관련된 문제가 생겼을 때, 직접 아이에게 물어 보는 것은 늘 옳다. 대부분의 아이 관련 고민은 아이에게 직접 대놓고 물어보면, 의외로 수월하게 풀린다. 이게 말은 쉽지만 실제론 어렵다. 아이가 속마음을 털어 놓는 것 말이다. 장시간 쌓은 아이와의 누적 대화량, 교감/스킨쉽량이 있어야 가능하다. 아이와의 대화가 잘 안되거나 전무하다면 아래 몇 가지 경우를 생각해 볼 수 있다.

첫째, 엄빠가 답을 정해 놓고 질문이나 대화를 시작하는 경우: 이건 실은 잔소리 하는 거다. 둘째, 아이의 답을 바로 평가하고 비난하는 경우: 엄빠의 너무 빠른 표정반응이나 말반응은 아이의 입을 잠근다. 셋째, 아예 대화다운 대화를 해 본 경험이 없어서 진지한 대화 자체가 어색한 경우

아이와 속마음을 나누는 대화는 어떻게 시작할 수 있을까? 아이와 같은 눈높이에서 대화를 나눠본 적이 없다면 시작조차 쉽지 않을 것이다. "학원 갔다 왔어?, 숙제는 했니?', '방 정리는?" 이런 말들만 해왔다면 이제는 진정한 대화를 시도해보시라.

엄빠와 아이의 공통관심사에 대해 이야기하면 대화는 길어질 수 있고 관계도 더 친밀해진다. 예를 들어 반려동물이 있는 가정이라면 반려동물 밥이나 옷, 운동시키기, 함께 놀아주기, 다른 종류

의 반려동물 등에 대한 대화가 좋을 수 있다. 아이와 함께 하는 취미가 있다면 금상첨화다. 함께 정기적으로 산에 간다거나 자전거를 탄다거나 동네에서 배드민턴을 친다면 대화 소재로 딱이다. 그런데 위에서 말한 것 같은 대화 거리가 없다면 어쩌나? 엄빠가 솔직한 마음을 먼저 털어 놓는 수밖에. 엄빠의 고민을 그대로 아이에게 말해보는 것이다. 예를 들면 "엄빠는 네가 이런 저런 말이나 행동을 할 때 화가 나". 이런 식으로. 그리고 아이가 어떤 대답을 하든 바로 화내거나 하지 않고 그냥 들어주시라. 덧붙여 부모의 어린시절 경험담을 들려주는 것도 도움이 된다. "엄빠도 어렸을 때는" 이렇게 말을 시작하면, 대부분의 아이는 눈을 크게 뜨고 귀를 쫑긋 세울 것이다. 곧 대화의 물꼬가 터질 것이다.

아이의 일상에 영어노출 루틴 심기

언어 습득은 꾸준하게 일정량을 쌓아야만 잘 될 수 있다. 일주일에 한 번 두 시간 공부하는 것 보다 매일 매일 꾸준히 20~30분씩 하는 게 낫다. 아이를 영어에 노출시키는 것도, 날마다 꾸준히 지속해주어야 한다. 아이들 먹이고 씻기고 어린이집에 등하원 시키고 재우는 것과 같은 루틴에 영어노출 환경을 조성하면 좋은 결과로 이어진다. 일상에 영어노출 시간을 심을 틈을 찾아보시라. 예를 들면 아이가 일어나서 아침 먹기 전까지 슈퍼 심플송 틀어주기, 옷 입고 머리 만지고/말리는 시간동안 좋아하는 영어영상 음원 흘려듣게 하기, 등원시키는 차안에서 영어 동화책 음원 (또는 좋아하는 유튜브 영상의 음원) 흘려듣게 하기, 간식 먹는 시간에 '코코멜론', '까이유' 등 틀어주기, 잠자리에서 동화책 읽어 주기 등. (잠자리 독서는 아이에게 이상적인 하루의 마무리다.) 이런 식으로 매일 반복되는 일상에 영어노출을 접목시켜 보시라. 꾸준한 영어노출이 가능해지고 알토란 같은 영어 인풋이 차곡차곡 쌓이게 된다.

엄빠표 영어를 하는 기간은 영원하지 않다: 일반적으로 초등 고학년까지 할 수 있다. 그 때가지 좋은 습관이 몸에 배도록 부모가 신경 써 주어야 한다. 엄빠표 영어를 하는 동안, 아이가 아직 어릴 때, 영어를 힘들게 공부해야 하는 외국어가 아닌 집에서 편안하게 듣고 보고 따라 말하게 되는 무언가로 여기게 해주시라. 이 기간동안 엄빠는 시간을 내어 아이 옆에 앉고, 그림책과 영상을 골라 주고, 잘 이해하는지 좋아하는지 조심스럽게 지켜봐 주시라. 이 기간을 놓치고 만 10살이 넘으면, 이런 습관을 길러주기가 너무 어렵다. 아이가 거부하고 반항할 확률이 높다. 영어노출도 타이밍이 중요하다.

우리집 엄빠표 영어가 잘 진행되고 있는지 궁금하신가? 아이가 뭘 좋아하는지/싫어하는지, 무엇을 힘들어 하는지 예민하게 살펴주시라. 때론 대 놓고 이런 저런 게 좋은지 싫은지 질문해 보시길. 답을 하기엔 너무 어린 아이는 표정과 몸으로 반응할 것이다. 억지로 끌고 가지 말고 대답과 반응에 따라 맞춰 주시라.

매일 독서의 중요성

아이가 하루에 한 쪽이라도 매일 영어책을 읽을 수 있게 하는 것은 정말 중요하다. 아주 적은 분량이라도 매일 장기간 꾸준히 하면 엄청난 결과를 얻을 수 있다. 영어 독서가 밥먹고 세수하는 것처럼 별 부담감 없이 매일 하는 일이 되게 해주시라. 아이의 일정과 컨디션에 따라 하루 중 언제 어디서 영어책 을 읽게 할 지는 엄빠의 배려에 달려 있다. 특히 일관된 아침 독서 습관은 읽고 쓰는 능력을 강화하고 평생 독서 습관을 조성함으로써, 전반적인 학업/직업적 성과를 향상시킬 것이다. 부모의 이런 배려와 노력 덕분에 스스로 매일 책을 읽게 된 아이의 미래는 밝을 수 밖에.

차안에서 오디오북 들려주기

차안은 엄빠표 영어하기 좋은 장소다. 도망갈 데가 없으니까. 어른뿐만 아니라 아이도 책을 읽을 수 있는 좋은 자투리 시간이다. 종이 영어책과 몇 권과 그 영어책 음원(오디오 CD나 음원파일)을 차에 준비해두시라. 차에 타면 음원이 재생되고, 아이가 타는 좌석에 그 책들이 흩어져 있으면, 심심한 아이들은 책을 펴서 그림도 보고 읽어 보게 된다. 차안에서 책읽는 습관도 길러 줄 수 있다.

부모가 초등학교 입학 전 아이와 효과적으로 대화하는 요령 10가지

1. 분위기 조성부터
방해 요소가 없는 조용하고 편안한 환경을 선택하여 엄빠와 아이 모두 집중할 수 있는 분위기를 조성하는 것부터 시작하세요.

2. 주로 듣는 입장이 되세요
적극적으로 듣기: 눈을 마주치고, 고개를 끄덕이고, 적절하게 반응함으로써 자녀의 말에 관심이 있다는 것을 보여주세요. 아이가 말하는 걸 방해하지 마세요.

3. 간단한 언어 사용
연령과 발달 단계에 맞는 단어와 문장을 사용하세요. 이는 아이가 엄빠말을 더 잘 이해하고 더 편안하게 느끼는 데 도움이 돼요.

4. 개방형 질문을 하세요.
예/아니오 질문 대신 "오늘 하루 중 제일 좋았던 시간은 뭐였니?"와 같이 보다 긴 답변이 필요한 질문을 하세요. 개방형 질문은 아이가 압박감을 느끼지 않고, 자신의 생각을 나누는 데 도움이 돼요.

5. 인내심을 가지세요
답할 시간을 충분히 허용하기: 아이에게 자신을 표현할 시간을 주세요. 적절한 단어를 찾거나 생각을 정리하는 데 시간이 필요할 수도 있어요.

6. 평소에 좋은 의사소통 모델이 될 것

 다른 사람들과 상호작용할 때, 명확하고 예의 바르며 존중을 표함으로써 효과적으로 의사 소통하는 방법을 아이에게 보여주세요.

7. 성의 있는 대답

 의미 없어 보이는 질문을 하거나, 지극히 사소한 질문을 반복하더라도, 눈을 맞추며, 친절한 말투로, 알기 쉽게 대답해 주세요. 아이는 질문한 자체를 잊어버릴 수 있지만, 엄빠의 성의 있는 답변에서 자신의 가치를 느낀답니다. "부모가 귀찮음을 이길 때, 위대한 교육이 이뤄진다." 는 말도 있지요.

8. 함께 읽으세요

 함께 책을 읽으면, 어휘력이 향상될 뿐만 아니라 등장인물, 줄거리, 감정 등에 대한 대화가 촉발됩니다.

9. 일관성을 유지하세요

 규칙적인 상호작용: 식사 시간이나 취침 시간 등 대화 시간을 포함하는 일상 생활을 규칙적으로 소화해서, 정기적인 의사소통 기회를 만드세요.

10. 비언어적 의사소통을 활용하세요

 신체 언어 즉, 몸짓, 표정, 신체접촉은 의사소통의 중요한 구성 요소입니다. 메시지를 강하게 전달하려면, 비언어적 신체 언어가 엄빠가 말하고 있는 단어와 어울리는지 점검하세요.

4~7세 아이들이 좋아하는
영어 그림책 100권

1. "Dragons Love Tacos" by Adam Rubin
2. "My Mum" by Anthony Browne
3. "Grumpy Monkey" by Suzanne Lang
4. "The Day the Crayons Quit" by Drew Daywalt
5. "If I Built a House" by Chris Van Dusen
6. "The Kissing Hand" by Audrey Penn
7. "The Gruffalo" by Julia Donaldson
8. "Don't Let the Pigeon Drive the Bus!" by Mo Willems
9. "Ada Twist, Scientist" by Andrea Beaty
10. "Pajama Time!" by Sandra Boynton
11. "Last Stop on Market Street" by Matt de la Peña
12. "A Sick Day for Amos McGee" by Philip C. Stead
13. "Click, Clack, Moo: Cows That Type" by Doreen Cronin
14. "How Do Dinosaurs Say Goodnight?" by Jane Yolen
15. "The Cat in the Hat" by Dr. Seuss
16. "Stellaluna" by Janell Cannon
17. "Swimmy" by Leo Lionni
18. "Pete the Cat: I Love My White Shoes" by James Dean and Eric Litwin
19. "My Dad" by Anthony Browne
20. "Cloudy with a Chance of Meatballs" by Judi Barrett
21. "Alexander and the Terrible, Horrible, No Good, Very Bad Day" by Judith Viorst
22. "The Paper Bag Princess" by Robert Munsch
23. "Harold and the Purple Crayon" by Crockett Johnson
24. "Big Nate: In a Class by Himself" by Lincoln Peirce
25. "The True Story of the 3 Little Pigs!" by Jon Scieszka

26. "Dragons Love Tacos 2: The Sequel" by Adam Rubin
27. "Rain!" by Linda Ashman
28. "Caps for Sale" by Esphyr Slobodkina
29. "Miss Rumphius" by Barbara Cooney
30. "The Little House" by Virginia Lee Burton
31. "The Adventures of Beekle: The Unimaginary Friend" by Dan Santat
32. "Interrupting Chicken" by David Ezra Stein
33. "Ricky, the Rock That Couldn't Roll" by Mr. Jay
34. "The Rainbow Fish" by Marcus Pþster
35. "You Are My Sunshine" by Jimmie Davis
36. "The Story of Ferdinand" by Munro Leaf
37. "Llama Llama Mad at Mama" by Anna Dewdney
38. "Waiting" by Kevin Henkes
39. "The Monster at the End of This Book" by Jon Stone
40. "Pete the Cat and His Four Groovy Buttons" by James Dean and Eric Litwin
41. "Leo: A Ghost Story" by Mac Barnett
42. "Wolþe the Bunny" by Ame Dyckman
43. "The Book with No Pictures" by B.J. Novak
44. "The paperboy" by Dav Pilkey
45. "Iggy Peck, Architect" by Andrea Beaty
46. "Rubble to the Rescue!" by Kristen L. Depken
47. "The Rain Came Down" by David Shannon
48. "The Most Magniþcent Thing" by Ashley Spires
49. "Extra Yarn" by Mac Barnett
50. "They All Saw a Cat" by Brendan Wenzel
51. "Not Quite Narwhal" by Jessie Sima
52. "Ofþcer Buckle and Gloria" by Peggy Rathmann
53. "Shh! We Have a Plan" by Chris Haughton
54. "This Moose Belongs to Me" by Oliver Jeffers

55. "Strega Nona" by Tomie dePaola

56. "The Snowman" by Raymond Briggs

57. "Ladybug Girl" by Jacky Davis and David Soman

58. "If You Want to See a Whale" by Julie Fogliano

59. "Journey" by Aaron Becker

60. "This Is Not My Hat" by Jon Klassen

61. "The Dark" by Lemony Snicket

62. "Ralph Tells a Story" by Abby Hanlon

63. "Julián Is a Mermaid" by Jessica Love

64. "My Friend Rabbit" by Eric Rohmann

65. "Flora and the Flamingo" by Molly Idle

66. "The Bear Ate Your Sandwich" by Julia Sarcone-Roach

67. "The Koala Who Could" by Rachel Bright

68. "I Don't Want to Be a Frog" by Dev Petty

69. "Penguin Problems" by Jory John

70. "Mother Bruce" by Ryan T. Higgins

71. "Sam and Dave Dig a Hole" by Mac Barnett

72. "The Day You Begin" by Jacqueline Woodson

73. "The Gruffalo's Child" by Julia Donaldson

74. "Rosie Revere, Engineer" by Andrea Beaty

75. "The Snail and the Whale" by Julia Donaldson

76. "A Big Mooncake for Little Star" by Grace Lin

77. "The Scarecrow" by Beth Ferry

78. "Sea Shapes" by Suse MacDonald

79. "The Dot" by Peter H. Reynolds

80. "Sulwe" by Lupita Nyong'o

81. "Pete the Cat: Rocking in My School Shoes" by James Dean and Eric Litwin

82. "The Bad Seed" by Jory John

83. "There's a Bear on My Chair" by Ross Collins

84. "Snowman at Night" by Mark Buehner, Caralyn Buehner

85. "The Invisible String" by Patrice Karst
86. "The Couch Potato" by Jory John
87. "The Cool Bean" by Jory John
88. "I Am Enough" by Grace Byers
89. "Don't Push the Button!" by Bill Cotter
90. "There's a Wocket in My Pocket!" by Dr. Seuss
91. "The Runaway Bunny" by Margaret Wise Brown
92. "Let's go visiting" by Sue Williams
93. "Love Monster" by Rachel Bright
94. "One Fish Two Fish Red Fish Blue Fish" by Dr. Seuss
95. "Maybe Something Beautiful" by F. Isabel Campoy and Theresa Howell
96. "The Pigeon Finds a Hot Dog!" by Mo Willems
97. "The Legend of Rock Paper Scissors" by Drew Daywalt
98. "The Wonderful Things You Will Be" by Emily Winᵽeld Martin
99. "Circle" by Mac Barnett
100. "I Wish You More" by Amy Krouse Rosenthal

3장 0세 ~ 초등학교 3~4학년 아이를 위한 영어 노출

엄빠가 아동 발달과 외국어 습득에 대해 공부하는 만큼 육아는 수월해지고 영어노출도 효율적으로 할 수 있을 게다. (온라인)서점과 유튜브에서 관련된 책과 영상을 찾아보시라. 묻고 싶다. 귀댁의 책장에 육아와 아이 교육에 관한 책이 몇 권쯤 꽂혀 있는지. 연령별 신체적/정서적 발달, 돌봐주기/놀아주기에 관한 영상을 몇 개쯤 보셨는지.

0~3세 아이와 함께 할 수 있는
엄빠표 영어 활동들

1. 영어 동요와 좋은 소리 들려주기

슈퍼심플송 같은 영어 동요를 반복적으로 듣게 해 주시라.(122 페이지-동요를 들을 수 있는 인기 유튜브 채널 21개 참조) 아이의 두뇌는 1/3도 완성되지 못한 채 태어난다고 한다. 하지만 청력은 세상에 나오기 전에 이미 완성된 상태이다. 이런 이유로 유아에게 소리자극을 주는 것은 매우 중요하다. 엄빠가 작은 소리로 건네는 말과 불러 주는 자장가는 뇌도 자극해주고 정서적 안정감도 준다. 엄빠표 영어의 시작도 노래로 하면 제일 좋다. 위에서 추천한 인기 유튜브 채널들의 영상을 미리 보고 골라서 들려주시길. 유튜브에 '인기영어동요'로 검색하면 더 많이 나온다. 정확한 발음은 아니지만 따라하며 귀엽게 재밌게 놀 것이다. 0~3세 아이들은 아름다운 멜로디, 음악을 들으면서 뇌도 발달하고 정서적으로도 안정된다는 많은 연구결과가 있다. 동요 뿐만 아니라 클래식 음악과 피아노, 기타 등 순한 악기가 쓰인 밝은 가사의 가요 등도 많이 들려주시라. 영어 귀를 뚫는 데도 긍정적인 영향을 줄 것이다. 그러면서 안아 주고 만져 주고 간지럼도 태우며 놀아 주시라. 사실 이 시기는 아이와의 '애착 형성'이 0순위 아닌가.

영어 영상과 마찬가지로, 영어 동요도 엄빠가 같이 들어주면, 아이들은 훨씬 더 집중하고. 좋은 기운을 잘 흡수하고, 신난다. 함께 들으면, 반복되는 일과에 진이 빠진 엄빠도 힐링을 체험할 게다.

2. 낱말 카드와 단어만 나와 있는 그림책 보여주기

엄빠는 끊임없이 주변을 손으로 가리키며 반복적으로 그 단어를 아이에게 들려준다. '아빠, 아빠', '우유, 우유, '소파, 소파' 이런 식으로. 아이가 따라 말하길 기다리면서. 아이는 수도 없이 같은 말을 반복해서 듣고 엄빠의 소리를 흉내 낸다. 0~3세는 수용언어를 활발하게 늘리는 시기다. 한국말이든 영어든 엄빠가 아이가 알아들을 수 있는 어휘 수 늘리기에 시간을 할애하면, 나중 영어노출에 큰 도움이 된다. 쌓인 영어 어휘 수가 많을수록 아이는 영어를 낯설게 느끼지 않는다. 인간의 생존본능에 따라 0~3세 아이들은 단어를 수용하는 훈련을 재미있어 한다. 공부라고 여기지 않는다. 틈틈이 낱말 카드와 단어만 나와 있는 그림책을 보여주며 놀아주시라.(유튜브에 '아이와 영단어 놀이', '아이와 낱말카드' 등으로 검색하면 게임도 나온다.) 시키지 않아도 엄빠가 내뱉는 소리를 귀쫑긋하며 듣고, 입모양을 보면서 오물거리며 따라할 것이다. 이런 시간은 아이가 인지하는 단어수를 많이 늘리는데 도움이 될 것이다.

집에 단어 인지용 단어 카드와 사물 그림책을 한국어, 영어버전으로 구비해 두시길 권한다. 이것들을 아이가 주로 생활하는 공간에 흩어 놓으시라. 아기가 집어 오면 읽어 주고 따라하게 유도하면 된다. 아이들은 성인처럼 과묵하지 않다. 어른들은 누가 뭘 소리내어 읽어줘도 눈만 멀뚱거리며 듣고만 있는 경우가 많다. 하지만 아이들은 졸리거나 배가 많이 고프거나 그런 상태가 아니라면 대부분 신나게 따라한다.

3. 아이말을 간단히 영단어로 바꿔주기

보통 생후 18개월쯤 된 아이는 100개 이상의 단어를 알아듣고 50개 정도의 낱말을 말하게 된다. 24개월 무렵이 되면 알아들을 수 있는 단어가 1000개 이상으로 급격하게 늘어난다. 물론 아이의 성장 환경에 따라 알아들을 수 있는 단어의 수는 500개에서

2000개 정도로 달라진다. 아이마다 언어발달에 차이가 많아서 30개월 무렵이 됐는데도 제대로 말하는 단어가 50개 미만인 경우도 있다. 하지만 다섯 살 정도가 되면, 대부분의 아이들은 의사소통을 무리 없이 할 수 있게 되므로 너무 염려하지 마시라.

만 세 살이 될 때까지는 아이와 그냥 말을 주고받는 놀이를 한다는 마음으로 진행해 보시길 권한다. 예를 들면 아이가 발화한 한국말 단어를 영어로 바꿔 들려주는 것이다. 아이가 "우유"라는 말을 했다면 "milk?", "You want some milk?" 이런 식으로. 이해하는 영단어 수가 늘어나서 엄빠표 영어의 든든한 기초공사가 될 것이다. 영어로 더 많이 말을 걸고 싶으시다면, 엄빠가 아이들에게 할 수 있는 상황별 영어표현을 알려 주는 책- [Hello 베이비 Hi 맘1,2]을 추천한다.

4. 영어 그림책 읽어주기와 그림책 음원 반복해서 들려주기

한페이지가 한 두 문장으로 구성된 간결하고 내용도 좋은 영어 그림책이 많다. 이런 책들은 예쁜 그림과 쉽고 재미있는 스토리 때문에 아이들을 매료시킨다. 116 페이지에 추천한 그림책을 많이 읽어주시길. 엄빠와 함께 셀 수 없을 만큼 자주 읽어서, 내용을 거의 외우게 된 영어 그림책 음원을 계속 듣게 해 주는 것도 좋다. 뜻을 이해하는 영어 소리에 반복적으로 노출되는 것은 아이의 아웃풋(영어발화)을 유도한다. 언어습득은 반복이 기본. 못 알아듣는 소리를 흘려듣는 건 소음이다. 하지만 엄빠와 함께 자주 보고 따라읽기도 해서 의미를 이해하는, 함께 읽은 영어 그림책 음원은 뜻을 알기에 소음이 아니다. 아이의 어휘력이 강화된다.

0~3세 아이들에게 읽어주기 좋은 영어 그림책 100권

1. Goodnight Moon by Margaret Wise Brown
2. The Very Hungry Caterpillar by Eric Carle
3. Brown Bear, Brown Bear, What Do You See? by Bill Martin Jr. and Eric Carle
4. Guess How Much I Love You by Sam McBratney
5. Where the Wild Things Are by Maurice Sendak
6. The Going-To-Bed Book by Sandra Boynton
7. Dear Zoo by Rod Campbell
8. Pat the Bunny by Dorothy Kunhardt
9. Llama Llama Red Pajama by Anna Dewdney
10. Peek-a-Who? by Nina Laden
11. Chicka Chicka Boom Boom by Bill Martin Jr. and John Archambault
12. Good Night, Gorilla by Peggy Rathmann
13. On the Night You Were Born by Nancy Tillman
14. The Pout-Pout Fish by Deborah Diesen
15. If You Give a Mouse a Cookie by Laura Numeroff
16. Love You Forever by Robert Munsch
17. Little Blue Truck by Alice Schertle
18. Ten Little Fingers and Ten Little Toes by Mem Fox
19. Room on the Broom by Julia Donaldson
20. Giraffes Can't Dance by Giles Andreae
21. Guess Who, Baby Duck! by Amy Hest
22. I Love You to the Moon and Back by Amelia Hepworth
23. Runaway Bunny by Margaret Wise Brown
24. Baby Beluga by Rafþ
25. The Snowy Day by Ezra Jack Keats

26. We're Going on a Bear Hunt by Michael Rosen
27. Corduroy by Don Freeman
28. Baby Loves Aerospace Engineering! by Ruth Spiro
29. The Mitten by Jan Brett
30. I Am a Bunny by Ole Risom
31. Baby Shark by John John Bajet
32. Guess How Much I Love You in the Winter by Sam McBratney
33. Dr. Seuss's ABC by Dr. Seuss
34. The Tale of Peter Rabbit by Beatrix Potter
35. Each Peach Pear Plum by Janet and Allan Ahlberg
36. Yummy Yucky by Leslie Patricelli
37. Hop on Pop by Dr. Seuss
38. Bear Snores On by Karma Wilson
39. My First 100 Words by Roger Priddy
40. Barnyard Dance! by Sandra Boynton
41. First 100 Animals by Roger Priddy
42. Press Here by Hervé Tullet
43. Time for Bed by Mem Fox
44. Go, Dog. Go! by P.D. Eastman
45. Baby Touch and Feel: Animals by DK
46. Moo, Baa, La La La! by Sandra Boynton
47. The Wheels on the Bus by Paul O. Zelinsky
48. Baby Faces by DK
49. Hug by Jez Alborough
50. Are You My Mother? by P.D. Eastman
51. Goodnight, Goodnight, Construction Site by Sherri Duskey Rinker
52. Please, Baby, Please by Spike Lee and Tonya Lewis Lee
53. Ten, Nine, Eight by Molly Bang
54. Whoever You Are by Mem Fox
55. Freight Train by Donald Crews
56. Maisy's Bedtime by Lucy Cousins

57. I Like It When... by Mary Murphy

58. Max's Breakfast by Rosemary Wells

59. What's Wrong, Little Pookie? by Sandra Boynton

60. Peekaboo Morning by Rachel Isadora

61. Little Owl's Night by Divya Srinivasan

62. A Ball for Daisy by Chris Raschka

63. Mommy Hugs by Karen Katz

64. Hands Can by Cheryl Willis Hudson

65. Hooray for Fish! by Lucy Cousins

66. Look Look! by Peter Linenthal

67. I Kissed the Baby! by Mary Murphy

68. Baby Bear, Baby Bear, What Do You See? by Bill Martin Jr. and Eric Carle

69. My Big Animal Book by Roger Priddy

70. Little Tug by Stephen Savage

71. Whose Nose and Toes? by John Butler

72. Sleepyheads by Sandra J. Howatt

73. First 100 Words by Roger Priddy

74. Alphaprints: ABC by Roger Priddy

75. Colors by Bright Baby

76. The Little Engine That Could by Watty Piper

77. Look at You! A Baby Body Book by Kathy Henderson

78. Baby's First Words by Hinkler Books

79. Baby Dance by Ann Taylor

80. Belly Button Book by Sandra Boynton

81. Where is Baby's Belly Button? by Karen Katz

82. I Spy Little Book by Jean Marzollo and Walter Wick

83. Pat-a-Cake by Annie Kubler

84. The Family Book by Todd Parr

85. The Itsy Bitsy Spider by Iza Trapani

86. Global Babies by The Global Fund for Children

87. I Love You Through and Through by Bernadette Rossetti-Shustak

88. Big Red Barn by Margaret Wise Brown

89. Five Little Monkeys Jumping on the Bed by Eileen Christelow

90. Blue Hat, Green Hat by Sandra Boynton

91. The Crayon Box that Talked by Shane DeRolf

92. Baby's First 100 Animals by Roger Priddy

93. Hooray for Babies! by Susan Meyers

94. Potty by Leslie Patricelli

95. All the World by Liz Garton Scanlon

96. Everywhere Babies by Susan Meyers

97. The Wonderful Things You Will Be by Emily Winþeld Martin

98. Hello Baby! by Mem Fox

99. Planting a Rainbow by Lois Ehlert

100. Dinosaur Dance! by Sandra Boynton

아이들에게 너무 좋은 영어 동요

영어동요는 영어가 생소하고 낯선 아이들에게 영어가 놀이이며 즐거운 음악이라는 인상을 갖게 해 준다. 정말 탁월한 자원. 걸음마를 시작하는 시기부터 초등학생때까지 이용가능한 고마운 듣기재료다. 영어의 소리와 리듬에 반복적으로 노출되는 것은 음소인식을 향상시키며, 읽기 및 발음 능력 개발에도 매우 효과적이다. 동요는 종종 짧은 이야기를 들려주므로 아이들이 맥락을 이해하는 듣기 이해력을 향상시키는 데도 도움을 준다.

유아기때 부드러운 멜로디의 잔잔한 영어자장가도 좋고, 초등학교 1~2학년에게 들려주는 슈퍼심플송도 좋다. 영어는 재미있고 즐거운 것이라는 첫인상을 만들어 줄 수 있다. 영어에 대한 긍정적인 태도를 키워준다. 역시 유튜브에 좋은 자료들이 많다. 다음

페이지에 유튜브의 인기 있는 동요 관련 채널 21개가 있으니 먼저 체험해 보고 들려주시라. 이런 채널들 중 아이가 좋아하는 채널이 한두 개 생기면 엄빠표 영어 진행이 쉬워진다. 반복적으로 함께 들으면서 즐기고 놀면 잘 가고 있는 것이다.

 영어 소리 노출경험이 없는 초등학생은 보통 영어소리를 잘 안 들으려 한다. (그래서 입학 전에 영어 동요 등을 들려 주는 게 중요하다) 이 때도 영어 동요가 해결책이 될 수 있다. 영어 소리에 전혀 노출된 적 없는 초등학교 1~2학년 아이들도 대부분 영어 동요는 별로 거부감없이 듣는다. 하지만 아이와의 대화를 통해 엄빠와 아이 모두 편안한 시간에 적당한 시간만(예-하루 30분) 듣기로 하는 규칙을 정해놓고 하길 권한다. 방방 뛰면서 춤추는 아이들도 많을 게다. 영어동요는 아이에게 영어는 지루한 공부과목이 아니라 재미있는 시간을 갖게 해주는 무언가로 인식시켜 준다. 영어 그림책 읽기와 영상물 보기로 이어주는 훌륭한 다리도 되어 준다.

동요를 들을 수 있는 인기 유튜브 채널 21개

1. Cocomelon - Nursery Rhymes
2. Super Simple Songs - Kids Songs
3. Little Baby Bum - Nursery Rhymes & Kids Songs
4. Pinkfong! Kids' Songs & Stories
5. ChuChu TV Nursery Rhymes & Kids Songs
6. Dave and Ava - Nursery Rhymes and Baby Songs
7. Baby Shark OfÞcial
8. Mother Goose Club
9. The Kiboomers - Kids Music Channel
10. Kids TV - Nursery Rhymes And Baby Songs
11. LooLoo Kids - Nursery Rhymes and Children's Songs
12. Blippi - Educational Videos for Kids
13. Bounce Patrol - Kids Songs
14. Super JoJo - Nursery Rhymes
15. BabyBus - Nursery Rhymes
16. Nursery Rhymes 123
17. Sing Along With Tobee
18. GiggleBellies
19. Maple Leaf Learning
20. Gecko's Garage - Trucks for Children
21. Barefoot Books

영어 영상물의 힘

국민의 2/3가 영어를 자유롭게 구사하기로 유명한 핀란드가 있다. 핀란드는 과외열풍도 없고, 초등 학교 입학 전 문자 교육도 거의 안시키는 나라다. 이유가 뭘까? 첫 번째 원인은 핀란드 공중파 TV방송이다. 방송 콘텐츠의 약 80%를 미국에서 수입하는데 예산절감을 위해 더빙을 하지 않는다. 그대로 영어소리를 내보내는 것이다. TV뿐만 아니라 영화, 음악과 같은 영어 미디어도 광범위하게 소비한다. 그래서 핀란드 아이들은 입학 전에 자연스럽게 영어 소리에 많이 노출될 수밖에 없다. 언어 습득이 활발하게 되는 0~7세 시기에 아이들은 핀란드어 못지않게 영어를 자주 들으며 자란다. 그래서 어느 정도 영어에 익숙한 상태로 입학한다.

둘째로, 독서강국 중 하나로 알려진 핀란드는 또 잠자리에서 엄빠가 아이에게 그림책을 많이 읽어 주는 것으로도 유명하다.(한글책이든 영어책이든 잠자리 독서는 정말 강추한다. 아이가 단잠을 자고 더 건강하게 성장하지 않을까.) 이것도 핀란드어와 영어 학습 능력을 뛰어나게 해주는 또 다른 이유일 것이라고 생각한다. 덧붙이자면, 핀란드는 인구가 555만 정도인 작은 나라라 경제가 잘 돌아가기 위해서는 국제교류가 필수적이고, 그에 따라 국제적인 의사소통의 중요성으로 인해, 영어 능력 개발을 장려하는 사회분위기 때문이 아닐까 싶다.

우리나라 EBS 어린이 방송도 한국어 더빙을 하지 않으면 더 좋을 것 같다는 생각이 든다. 한글 자막을 쓰고 영어 소리를 그대로 내보내면 더 좋지 않을까?

영상 시청 시 자막 활용법

1) 영어 자막을 보는 게 좋은 경우: (쌓아 놓은 영어 소리는 있지만) 영상물 내용의 1/2 이상을 아이가 못 알아듣는 경우에는 영어 자막을 보게 해 주시라. 인풋을 충분히 받아들이지 않은 상태에서 자막없이 영상을 계속 보는 것은 효율적이지 않다. 영어 자막의 도움이라도 받아서 단어와 문장들을 눈으로 보면서 내용 전개를 따라갈 수 있게 해 주어야 한다. 아이가 반복되어 나오는 단어나 표현을 자기걸로 만들기가 수월해질 것이다. 또한 영어자막이 소리와 함께 아이에게 자연스레 흡수된다.

2) 한글 자막을 보는 게 좋은 경우: 영어 듣기를 한 양도 너무 적고 영어 읽기 실력도 약한 아이에게는 한글 자막을 보게 해 주시라. 한글 자막을 보면서 영상을 보면 자막의 도움으로 영상에서 들리는 몇 몇 영단어의 의미를 깨우치게 된다. 내용 파악이 조금씩 더 많이 되면서 영상에 집중하는데도 도움이 된다. 더 집중하면서 더 많은 영어 소리의 뜻을 알게 되는 선순환이 시작된다. 영어를 읽은 양과 들은 양이 너무 적은 아이가 영상을 무자막으로 보는 것은 영어습득에는 별로 효과가 없다. 쌓은 영어 인풋이 너무 적다면, 한글자막과 함께 볼 수 있게 해 주어야 한다.

3) 아이가 특정 자막을 요구하면 들어주는 게 좋다. 한글 자막을 보고 싶다고 말한다면 이건 내용을 좀 더 정확히 이해하고 싶다

는 신호이다. 영어자막을 틀어 달라고 한다면 이건 영상에 나오는 영단어와 문장을 정확하게 확인해 보고 싶어서 그러는 것이다. 한글자막을 요구하는 아이보다 영어 듣기 수준이 높은 아이가 이렇게 요구할 게다. 그러니 기쁜 마음으로 수용해주시라. 결론적으로 영상을 보여 줄 때, 아이의 듣기 실력과 반응, 요구에 따라 자막유무와 자막의 종류를 엄빠가 유연하게 정해야 한다.

영어 학원이 효율면에서 떨어 지는 이유

영어 유치원과 초등학교 저학년이 다니는 영어학원 교재는 단순한 문장이 너무 많이 반복된다. 한 챕터에 겨우 7~10문장이 들어 있는 책이 많다. 이런 교재로 몇 년간 수업을 듣는다고 해도, 인풋의 양이 너무 제한된다. 하지만 집에서 영어 영상에 노출시키면, 4분짜리 코코멜론 영상 하나에서 약 40개의 문장을 접할 수 있다. 게다가 이런 동영상에서는 예쁜 그림 화면, 귀여운 캐릭터를 보고 매력있는 원어민 성우의 목소리를 들을 수 있다. 40분간 10문장 미만을 듣고 따라하는 학원 원어민수업보다는, 4분 동안 재미있게 40개의 문장을 흡수하는 게 훨씬 더 효율적이다. 초등 중학년까지 인풋이 특히 중요한 이 시기에 집에서 영어 영상에 노출시키는 것을 권한다. 집보다 불편한 학원에 보내서 딱딱한 수업 듣게 하지 마시고, 영어 그림책을 읽어(읽게 해) 주시라.

영어 읽기의 종류

 영어 읽기에는 네가지 종류가 있다. 듣기, 낭독, 청독, 묵독. 아이의 나이와 지금까지 인풋의 양을 고려하여 어울리는 방법으로 꾸준히 많이 할 수 있게 도와주자.

1)듣기: 좀 이상하게 들릴 수 있지만 듣기는 아이가 문자를 전혀 모를 때 하는 읽기행위다. 엄빠가 읽어 주는 영어 그림책을 귀로 들으면서 그림을 힌트삼아 이야기를 이해한다. 이렇게 아이는 그림책 속 단어와 짧은 문장의 뜻을 깨닫기 시작한다. 이 과정에서 어린 아이들은 본능적으로 모호한 단어나 표현의 의미를 추측해보거나, 혹시 추측이 안되면 '아무렇지 않게 넘어가며' 언어를 습득한다.

2)낭독: 쉬운 리더스북 등을 소리 내어 읽어주면, 아이가 낭독을 시작하는데 도움이 된다. 아이의 읽기 능력은 단기간에 점프하듯 늘지 않는다. 연령별 수준별로 엄빠가 책을 읽어주는 시간에 비례하여 향상된다. 낭독의 또다른 장점- 엄빠의 낭독소리를 많이 들은 아이들은 자기들도 소리 내어 읽고 싶어 한다는 것이다. 다른 말로, 책을 소리 내어 읽는 문화가 있는 집 아이들은 낭독에 대한 거부감이 덜 하다. 덤으로, 아이 잠자리 등에서 영어 그림책을 꾸준히 읽어주면, 엄빠들의 영어실력도 놀랍게 는다.

3)청독: 귀로는 영어책(챕터북 등) 음원을 들으면서 눈으로 텍스트를 읽는 것이다. 영어 오디오북의 음원을 들으며 책을 읽게 해 주시라. 요즘은 유튜브 콘텐츠 중에도 아이들의 영어 청독에 좋은 자료들이 많다. (Storyline Online, Brightly Storytime, Vooks, KidTimeStoryTime, StoryTime at Awnie's House 등)

4)묵독: 소리 내지 않고 눈으로만 읽는다. 제일 나중에 해야 하고, 할 수 있는 제일 어려운 단계다. 많은 시간동안 상당량의 인풋이 쌓인 후에 가능하다.

엄빠가 읽어 줄 수 있는 영어 그림책 종류

"엄빠의 영어 발음이 안 좋은데 읽어줘도 괜찮은가요?"

"넵!"

아이가 듣는 영어 소리 중 엄빠가 들려 주는 양의 비중은 생각처럼 크지 않다. 아이들은 대부분의 인풋을 영어 동요와 영어책 음원, 영어 영상물 등을 통해 얻는다. 코코멜론 5분짜리 영상에 영어 문장 약 50개가 나온다. 게다가 영상물은 눈으로 보면서 들으므로 집중도도 훨씬 높다.

아이 뇌속의 언어 습득 장치는 본능적으로 좋은 것을 모방하며 언어를 배우게 한다. 즉, 아이는 엄빠의 발음을 따라하는 것이 아니라, 원어민의 억양과 발음을 흉내내고 따라한다. 그러니 걱정 마시고 읽어주시라.

1. 같은 문장이 반복되는 그림책

빌 마틴 주니어(Bill Martin Jr.), 에릭 칼(Eric Carle)이 지은 "Brown Bear, Brown Bear, What Do You See?" 등의 책은 같은 문장이 반복되고 단어 하나만 바뀐다. 페이지마다 동물의 이름이 매번 변경된다. 예를 들어 "빨간 새야, 빨간 새야, 무엇이 보이니?"가 된다. 등등. 아이들의 상상력이 자극된다. Charles Green Shaw가 지은 It looked like spilt milk도 이런 책.

2. 페이지당 한 단어/한 줄 나오는 영어 그림책

영어 그림책 읽어 주기도 시작이 어렵다. 아이가 엄빠 발음을 이상하게 생각할까봐(그런 일은 없다.) 망설여 지기도 하고 배우자가 들을 까봐 부담되기도 한다. 그러시면 한 줄짜리 책으로 시작하시라. 페이지당 단어 하나 또는 문장 하나만 있는 그림책이 상당히 많다. 예를 들면 Suzy Lee가 쓴 Wave(한 페이지에 한두 단어만으로 아름다운 이야기를 담아낸다). Donald Crews의 Rain도 추천한다. 이런 책으로 부담없이 시작하시라. 116페이지에 추천한 책들이 대부분이 1, 2번에 해당하는 책들이다.

3. 한글로 이미 읽은 영어 그림책

(영어 노출을 늦게 시작했거나) 영어 그림책을 거부하는 아이들

에게는 다른 접근이 필요할 수 있다. 아이가 좋아해서 여러 번 읽은 한글로 읽은 그림책의 영어 원서를 읽히는 것이다. 백설공주, 아기 돼지 삼형제, 잭과 콩나무, 인어공주, 헨젤과 그레첼, 등. 아래 추천한 First story books 시리즈 30권을 참조하시길. 챈트와 노래 CD도 있어서 아이들에게 들려주기 좋다. 알고 있는 내용이라서 거부감이 덜 할 것이다. 또한 내용을 이미 알고 있기 때문에 음원을 귀 기울여 들으며 영어 문장들의 뜻을 이해하게 될 것이다. 그림들도 아이의 이해를 돕는다.

First story books 시리즈 30권

1. The Three Little Pigs(아기돼지 삼형제)
2. Snow White(백설공주)
3. The Lion and the Mouse(사자와 생쥐)
4. The Ugly Duckling(미운 아기오리)
5. Cinderella(신데렐라)
6. Jack and the Beanstalk(잭과 콩나무)
7. The Wizard of Oz(오즈의 마법사)
8. Pinocchio(피노키오)
9. Aesop's Fables(이솝우화)
10. The Naked King(벌거벗은 임금님)
11. The Sun and the Moon(해님 달님)
12. The Wolf and the Seven Lambs(늑대와 7마리 아기양)
13. The Bremen Town Musicians(브레멘 음악대)
14. The Shepherd Boy and the Wolf(양치기 소년과 늑대)
15. Kongjwi and Padjwi(콩쥐 팥쥐)
16. The Little Match-Seller(성냥팔이 소녀)
17. Hansel and Gretel(헨젤과 그레텔)

18. Puss in Boots(장화 신은 고양이)
19. Sleeping Beauty(잠자는 숲속의 공주)
20. Peter Pan(피터 팬)
21. Alice in Wonderland(이상한 나라의 앨리스)
22. The Little Mermaid(인어 공주)
23. The Little Prince(어린왕자)
24. Aladin's Lamp(알라딘의 램프)
25. Thumbelina(엄지공주)
26. Ali Baba and the Forty Thieves(알리바바와 40인의 도둑)
27. Little Red Riding Hood(빨간 망토)
28. Heungbu and Nolbu(흥부와 놀부)
29. Rapunzel(라푼젤)
30. The Fairy and the Woodcutter(선녀와 나무꾼)

4. 노래로 부르는 영어 그림책

 CD가 그림책에 함께 붙어 있는 걸 추천한다. 영어를 쓰는 미국, 영국 같은 나라에도 말을 처음 배우는 아이들을 위한 이런 책들이 많이 나와 있다. Five little Ducks, Down by the station, The Wheels on the Bus, Humpty Dumpty 같은 책들도 동요를 들으며 읽을 수 있어서 아이들이 무척 좋아한다. Learn to Read 시리즈 같이 CD가 딸려 있는 리더스북도 있다. Learn to Read 시리즈는 30초면 한 권 읽을 수 있는 책도 아주 많다. 꼭 구매할 필요없이 도서관에서 빌릴 수도 있다. 온라인 서점에서 잘 팔리는 책, 긍정적인 리뷰가 많은 책들을 보면 무난하다. 네*버 등 포털에서 '노부영 베스트'로 검색해도 쉽게 찾을 수 있다.

영어 책의 종류별 이용법

아이들이 외국어를 배울 때 가장 중요한 도구 중 하나는 책이다. 아이들용 책의 종류와 각각의 이용법은 아래와 같다.

1. 보드북

유아들이 가장 먼저 접하는 책이다. 잘 찢어지지 않는 두꺼운 종이로 제작된다. 콩기름으로 인쇄되어 아이들이 입으로 물고 빨아도 괜찮다. 문해력을 키운다기 보다, 읽어주는 엄빠의 목소리를 들으며 그려진 사물을 인지하도록 돕는다.

2. 그림책(Picture book)

대상: 영유아부터 초등학교 저학년.
스토리북 또는 픽쳐스토리북으로 불리기도 한다. 재미있고 쉬

운 이야기와 매력적인 삽화가 어우러진 책. 엄빠의 목소리로 제일 많이 읽어주어야 할 책이다. 글을 읽기 전의 아이들을 위한 책인 만큼, 책에서 그림이 차지하는 면적이 50% 이상이다. 통상 하드커버, 페이퍼백, 보드북의 형태로 나뉜다. 에릭 칼(Eric Carle)이 지은 The Very Hungry Caterpillar, 존 버닝햄(John Burningham)이 지은 John Patrick Norman McHennessy: The Boy Who was always late, 앤서니 브라운 (Anthony Browne)이 쓴 My Dad 등 세계 유명 그림책 작가의 작품들이 대부분 포함되어 있다.

 보통 그림책에는 라임이 많이 나온다. 일정한 자리에 비슷한 소리를 규칙적으로 반복하는 것을 라임이라고 한다. 영미문화권 노래나 시에서 자주 볼 수 있다. 영어를 처음 배우는 아이들에게는 영어 소리가 재미 있다는 것을 느끼게 해주자. 그럴 때 이런 라임 그림책이 쓸모가 있다. 등장하는 인물이나 동물의 재미있는 표정이나 행동만 보고도 아이들은 깔깔 웃는다. 노래 음원이 있는 라임 그림책을 보며 따라 부르면 더 좋다. 우리말 보다 리듬감 있는 영어 소리를 재미있게 여기고, 더 좋아하게 될 것이다.

 대부분의 그림책은 쉽지만, 몇몇 책들은 도치나 생략이 포함되거나 문화적 차이 때문에 아이들이 보기에 별로 일수 있다. 그러므로 엄빠가 미리 보거나, 온라인 서점 리뷰 등을 참고해서 골라주시면 좋겠다. 그림책을 다 읽고 난 다음에, 리더스북을 시작하기 보다는 둘을 병행하는 게 더 낫다. 그림책과 리더스북 모두 아이가 영어책을 거부감 없이 받아들이는데 도움이 된다.

＊그림 영어 사전

 어른용 영어사전은 모르는 단어의 뜻을 확인하는 것이 주용도
다. 하지만 아이용 그림 영어 사전은 동물, 도형, 집안 일상용품,
색깔, 숫자 등을 예쁜 그림과 함께 쉽게 익히게 해준다. 처음 보
는 영어 단어에 대한 낯설음과 부담감을 줄여 주는 것이다. 이렇
게 습득한 쉬운 어휘가 영어 그림책에 나오면 아이들은 아주 반
가워한다. 아이들에게 그림책과 그림 영어 사전을 병행해서 보게
하면 효과 만점. '그림으로 배우는 첫 영어 사전'을 추천한다.
약 천 개의 기본단어를 그림 속 장면을 보며 자연스럽게 배울 수
있다.

3. 리더스북(Reader's Book)

대상: 일반적으로 유아에서 초등학교 저학년.

초급읽기책이라 할 수 있다. 영문을 읽지 못하는 아이들에게 읽
기 능력을 길러 주기 위해 수준별/단계별로 만들어진 책이다. 문
맹인 아이들도 1단계부터 하나하나 단계별로 일정량 이상을 읽
다 보면, 글을 읽을 수 있게 된다. 도서 레벨에 맞는 어휘와 간
단한 문장이 반복되는 특징이 있다. 그림책 다음으로 본격적으
로 읽기를 시작하는 책. 글의 내용과 일치하는 삽화를 통해 이야
기 유추가 가능하다. 리더스북은 이지리더스 (Easy Reaaders),

얼리리더스 (Early Readers), 비기닝리더스 (Beginning Readers)라고도 불린다. 글을 읽기 시작하는 아이들을 위한 책이니, 당연히 그림보다는 문장의 비중이 그림책(Picture Book)보다 많다. 원서의 시리즈명에 read, reader, reading 라는 말이 들어가는 것들이라고 생각하면 된다. 'An I can read', 'Oxford Reading Tree', 'Step into Reading', 'Learn To Read' 등이 대표적이다. 초등학교 입학 후에 영어 노출을 시작하는 아이들은 그림책보다는 리더스북으로 시작하는 게 더 좋을 수 있다. 노부영 퍼스트 리더, 노부영 Sight word같이 그림과 짧은 문장으로 이뤄진 리더스북도 있고, 디즈니 Fun to read, 옥스퍼드 리딩트리(ORT), 아이캔리드 등 처럼 이야기를 기반으로 하는 것도 있다. 주제와 레벨이 다양하므로 아이에 맞는 걸 골라주면 된다. 음원을 들려주면서 청독하게 해주시라. 레벨이 높을수록 어휘도 많아지고 문장도 길어진다. 좋아하는 것 같으면 음원을 따라서 낭독하도록 유도해 보시길. 강요는 금물- 영어책 읽기마저 싫어하게 될 수 있다. 종이책을 거부하면 ebook 형태의 리더스북이 대안이다. 이 책들은 재생버튼을 누르면 원어민이 읽는 소리와 동시에 화면 속 문장이 하이라이트 처리된다. 발음에 자신없는 엄빠들에게도 좋은 도구이다. 아이 취향에 맞는 책 시리즈 두 세 개 또는 아이가 좋아하는 작가 두 세명만 발굴하면 아이는 이미 영어 책 읽기의 맛을 본 게다. 이제 즐겁게 영어를 습득한다.

4. 얼리챕터북(Early Chapter Book)

대상: 초등학교 저학년.

리더스북과 챕터북 사이에서 징검다리 역할을 해줄 수 있는 적절한 레벨과 텍스트의 양으로 구성된 책이다. 리더스북보다 이야기가 길고 복잡하지만 챕터북보다는 텍스트와 챕터수가 적다. 일반적으로 시리즈물로 출간된다. 챕터북의 형식을 따르지만 삽화도 있어서 책읽기를 좀 더 수월하게 해준다. 얼리챕터북을 충분히 읽고 챕터북으로 넘어가길 권한다. 다음 페이지에 추천한 20권은 한국 어린이 독자들 사이에서 인기 있는 얼리 챕터북 20권이다. 포털이나 관련 카페/블로그에서 검색하면 인기 있는 얼리챕터북 리스트를 더 많이 찾을 수 있다.

추천 얼리 챕터북 20권

1. Elephant and Piggies series by Mo Willems
2. Fly Guy series by Tedd Arnold
3. Zak Zoo series by Justine Smith & Clare Elsom
4. Black Lagoon series by Mike Thaler
5. Judy Blume series by Judy Blume
6. Noodleheads series by Tedd Arnold
7. Unicon Diaries series by Rebecca Elliott
8. Mercy Matson series by Kate Dicamillo
9. Boris series by Andrew Joyner
10. Judy Moody and Friends series by Megan Mcdonald
11. Houndsley and Catina series by James Howe
12. Narwhale and Jelly Collection series by Ben Clanton
13. Winnie the Witch series by Valerie Thomas
14. Horrid Henry series by Francesca Simon
15. Princess in Black series by Shannon Hale and Dean Hale
16. Seriously Silly Colour series by Laurence Anholt
17. Owl Diaries series by Rebecca Elliott
18. Rainbow Magic beginner reader series by Daisy Meadows
19. Young Cam Jansen series by Susanna Natti and David A. Adler
20. Dragon Tales series by Dav Pilkey

5. 챕터북(Chapter Book)

대상: 초등학생.

챕터북은 중고급 읽기책이라 할 수 있다. Chapter(장), 즉 이야기가 챕터별로 나누어진 소설책을 말한다. 그림이 없어도 되는 본격적으로 읽기위주의 책이다. 45~60 페이지의 비교적 짧은 챕터북도 있고, 100 페이지 안팎의 긴 챕터북도 있다. 보통 10~20챕터로 구성되어 있다. 보통은 시리즈물로 나온다. 대부분 삽화는 별로 없고 이야기가 초점. 긴 챕터북일수록 문장 및 문단이 길어지고, 구성 및 주제도 복잡해지고 세분화된다. 142페이지에 추천한 20권도 대표적으로 많이 읽히는 챕터북이다. 웬디북, 북메카 같은 온라인 원서 쇼핑몰에서 더 많은 인기 챕터북을 찾을 수 있다. 스토리가 기발해서 아이들이 책장을 넘기게 만든다. 책 한 권 완독의 기쁨도 경험하게 해줄 게다. 동일 캐릭터와 유사한 플롯이 이해를 돕는다. 장르와 주제도 다양하다. 탐정, 히어로, 모험, 추리, 가족, 스릴서, 시간 여행, 학교생활 등. 책 뒷면에 난이도 레벨이 표시되어 있다. 레벨은 미국 르네상스 러닝사가 개발한 AR 지수(난이도를 미국 교과 커리큘럼에 맞춰 학년별로 구분)와, 미국 교육연구기관인 메타메트릭스에서 개발한 독서능력 평가지수인 렉사일 지수 등으로 알 수 있다. 아이가 읽을 책을 고를 때, 이 지수들을 참고할 만하다. 하지만 아이의 관심분야라면 더 높은 레벨인데도 즐겁게 읽으려 할 것이고, 그 반대의 경우도 맞으니까 아이 반응을 더 중요시해야 한다. 챕터북도 처음엔 아이의 취향과 레벨에 맞는 걸 골라주는 게 쉬운 일은 아니다. 온라인 서점의 리뷰를 참고하면 시행착오를 줄이는데 도움이 될 것이다. 중요한 팁 하나. 글자만 있는 챕터북을 처음 보는 아이들에게는 꼭 음원이 있는 책으로 청독부터 하게해 주시라. 청독은 자기 레벨보다 좀 어려운 책 읽기도 수월하게 해주기 때문. 챕터북 읽기를 좋아하게 된 아이들은 영어 소설을 혼자 읽을 날도 멀지 않았다.

추천 챕터북 20권

1. Magic Tree House series by Mary Pope Osborne
2. Junie B. Jones series by Barbara Park
3. The Boxcar Children series by Gertrude Chandler Warner
4. A to Z Mysteries series by Ron Roy
5. Amelia Bedelia series by Peggy Parish and Herman Parish
6. Nate the Great" series by Marjorie Weinman Sharmat
7. Flat Stanley series by Jeff Brown
8. Ivy and Bean series by Annie Barrows
9. My Weird School series by Dan Gutman
10. The Critter Club series by Callie Barkley
11. The Zack Files series by Dan Greenburg
12. Stink series by Megan McDonald
13. The Berenstain Bears series by Stan and Jan Berenstain
14. Geronimo Stilton series by Geronimo Stilton
15. The Bad Guys series by Aaron Blabey
16. Captain Underpants series by Dav Pilkey
17. Dog Man series by Dav Pilkey
18. Frog and Toad series by Arnold Lobel
19. Henry and Mudge series by Cynthia Rylant
20. The Time Warp Trio series by Jon Scieszka

6. 원서 소설(Novels)

대상: 일반적으로 초등학교 3학년 이상.

보통 챕터북보다 텍스트도 많고 더 깊이 있는 주제를 다룬다. 아이들의 성장을 다룬 소설이 많다. 챕터북보다 호흡이 긴 스토리가 주를 이룬다. 잘 짜여진 복잡한 이야기와 입체적인 캐릭터가 묘사된다. 저자의 개성이 드러나는 문체와 수준 있는 어휘를 볼 수 있다. Charlie and the Chocolate Factory (by Roald Dahl), Number the Stars (by Lois Lowry), Wonder (by R. J. Palacio) 등이 아이들의 인기 novels다. 원서 소설을 자발적으로 읽는 아이는 수능영어, 토익/토플 등 영어 시험에서 좋은 성적을 받을 준비가 된 것이다. 엄빠가 오랜 기간 인내하며 사랑으로 조성한 엄빠표 영어노출 환경의 결실이 맺힌 거라 볼 수 있다.

보통은 한국어 독서량이 또래에 비해 많은 아이들이 novels 읽기도 빠르게 시작한다.

책은 책장에만?

아이의 눈길이 닿는 곳에(동선을 따라) 늘 (영어)책이 보이게 해주자. 집안 곳곳에 (영어)책을 두어 눈에 잘 띄면 신기하게도 책에 더 관심을 보인다. 책장이나 진열장에만 두지 말고 거실 바닥, 식탁/소파 옆 등 여기 저기 책을 펼쳐 두시길. 책 한 권을 끝까지 보지 않더라도, 한 두 페이지라도 넘겨보게 될 것이다. 점점 더 책에 관심을 갖게 될 것. 아이가 책장이나 거실 등에 둔 책에 관심을 보이지 않는다면, 다른 책으로 바꿔보는 방법도 있다. 그리고 전면책장(표지가 보이는)의 책들도 위치를 가끔 바꿔주면 좋다.

영어책 읽기를 거부할 때는 이렇게 해 보세요.

 모국어가 아닌 영어로 쓰여진 책을 아이가 거부하는 것은 어찌 보면 당연한 일이다. 아기 때부터 영어동요와 영상, 그림책 음원 등에 노출된 아이들 중에도 많은 아이들이 책은 거부한다. 보통은 유치원에 가는 5~6살 아이들이 대부분 영어책을 잘 안 보려고 한다. 바로 외면하거나 밀쳐 버린다. 여러 가지 이유로 영어 책 읽기를 꺼릴 수 있다. 1) 처음 엄빠가 구해준 영어책이 아이 나이/관심사와 너무 동떨어져서 2) 책의 문화적 맥락에 전혀 공감과 흥미를 느끼지 못해서 3) 한글책 읽기를 시작할 때 공부처럼 강요당한 힘든 기억이 떠 올라서 등 등. 생각해 볼 수 있는 다른 하나의 이유는 모국어를 완성하고 싶은 본능 때문일 것이다.

집에서 엄빠와만 있다가 이제 유치원 또래 친구들, 선생님들과도 잘 소통하고 어울려 지내야 하니까. 이렇게 거부하면 일단 영어책을 덮으시라. 대신 좋아하는 한글 그림책을 맘껏 읽어 주시길. 그러는 동안에도 영어 동요와 영상물 노출 시간은 꾸준히 지속돼야 한다. 3~6개월 후, 아이가 좋아할만한 짧은 영어 그림책(아이 관심 분야)을 정성껏 골라서, 한글 그림책 사이에 슬쩍 섞어서 읽어줘 보자. 거부감 없이 볼 확률이 올라간다.

영어 그림책 읽기를 시작했다 하더라도, 아이는 언제든 다시 수시로 영어책 읽기를 거부할 수 있다. 엄빠가 유연하게 대처하시길 권한다. 영어 동요과 영상 노출이 유지되는 한, 아이의 영어 듣기 실력은 계속 향상될 것이다. 엄빠가 아이와의 대화에 일정 시간을 꾸준히 할애하고, 한글책 읽기를 계속한다면 언제든 영어 그림책, 리더스북, 챕터북 읽기로 이어질 것이다. 아이가 끝끝내 영어책 읽기를 거부해도 절망하기엔 이르다. 아직 남아 있는 대안들이 있다. 아래는 영어책 읽기를 거부하는 아이를 위한 몇 가지 팁이다.

1. 책 읽어 주는 유튜브 영상 시청

어린이들에게 영어 그림책을 읽어 주는 유튜브 채널이 많다. 그 중에서 두 개를 강추한다. 먼저 Storyline Online. 유명인사와 인기 배우들이 동화책을 생생한 톤으로 실감나게 읽어 준다. 웹사이트(https://storylineonline.net/)에서 책에 대한 정보도 볼 수 있고, PDF파일로 정리된 여러 독후활동도 다운로드 할 수 있다. 다음은 Story Time at Awnie's House. 유명 크리에이터 Awnie가 그림 동화책을 읽어 준다. 어니의 음성이 들리면서 각 페이지가 화면에 클로즈업된다. 밝고 상냥한 목소리로 읽어 주기 때문에 아이들이 저절로 귀를 쫑긋하고 듣게 만든다. 아이와 함께 매일 한 편 보시길. 새로운 영상이 꾸준히 올라오므로 지속적으로 활용 가능하다. 이 두 개 이외에 Brightly Storytime, KidTimeStoryTime, Vooks 도 괜찮다.

2. 앱을 통한 독서

디지털 시대가 낳은 새로운 독서방법이다. 종이책 읽기만 책읽기는 아니니까. 앱 두 개를 추천한다. 먼저 Epic이다. 영국, 미국 등 영어권 학교에서도 교육용으로 많이 활용하는 앱이다. 어린이를 위한 디지털 도서관으로, 방대한 도서, 오디오북, 교육 비디오 컬렉션을 제공한다. 페이지 디자인도 화려해서 아이들의 시선을 끈다. 그리고 책 외에 다양한 컨텐츠를 볼 수 있다. 오디오북 음원을 더빙한 성우들의 목소리도 재미있고 실감난다. 두번째 앱은 라즈키즈. 태블릿이나 휴대폰에 설치 후, 온라인에서 이용권을 구매해서 이용하는 앱이다. 레벨별로 나뉘어 있고 다양한 장르와 분야의 책들을 골라 읽을 수 있다. 독후활동으로 책의 내용에 관한 북퀴즈를 풀어 볼 수 있는 장점도 있다. 종이책을 계속 거부하는 아이들이라면 차선책으로 쉽고 재미있는 이런 앱들을 통해 책을 읽게 한 후 종이책으로 옮겨가는 방법도 나쁘지 않다. 주의사항 하나: 앱으로 독서한 후에는 디지털 기기를 꺼 주세용~

3. 오디오북 듣기

역시 독서이다. 귀로 듣는 책읽기라 할 수 있다. 책 없이 들으므로 아이들의 상상력도 자극할 수 있다. 아이들의 영어 듣기 실력 향상에도 도움이 된다. 아울러 성우로 참여하는 원어민들의 정확한 영어 발음에도 익숙해지고, 따라할 수 있다는 장점도 있다. 종이책 읽기를 좋아하는 아이가 컨디션이 좋지 않을 때도, 이 듣는 독서는 효과적인 대안이 될 수 있다.

4. 영화로 나온 책 읽히기

대부분의 디즈니 애니메이션들은 해당하는 책들도 출간된다. 알라딘, 겨울왕국 등. 그 영화들을 먼저 보게 한 후, 책을 보여 주면서 영화와 책 속 캐릭터의 생김새도 비교해보자 하고, 영화 장면이 책에 어떻게 표현됐는지도 살펴 보자고도 해보시라. 영화를 재밌게 본 아이라면 이렇게 하는 독서도 꽤 흥미로워 할 것이다. 새롭게 읽히고 싶은 책이 있으면 그 책이 영화로도 나왔는지 확인해 보시길. 로알드 달(Roald Dahl) 등 유명 작가 들의 책들은 영화로 제작된 게 많다.

5. 아이와 엄빠 목소리 녹음해서 들려주기

영어책을 읽어주는 엄빠의 목소리를 녹음해서 아이에게 들려줘보시라. 들려주는 장소는 이동 중인 차안이 좋다. 녹음된 음원을 엄빠가 너무 피곤할 때 잠자리 독서를 위해 재생해줘도 된다.

6. 책 읽어주는 모습 폰으로 촬영하기

책은 쳐다도 안보려고 하지만 이렇게 찍어 놓은 동영상은 보는 아이가 있다. 이런 동영상을 폰이나 태블릿 등으로 틈틈이 보여주시라. 보고 또 보다 보면 아이는 그 책의 이야기에 익숙해질 것이다.

고수 엄빠는 아이의 말에 어떻게 반응할까

속마음을 나누는 대화를 위해서는 듣는 사람의 자세와 태도가 중요하다. 부모 표정부터 살피는 게 아이들 아닌가. 아이가 어떤 이야기를 어떤 태도로 하든지 안정감 있고 따뜻한 반응을 보여줘야 한다. "응 그래. 니 생각은 그렇구나"하며 편안하게 대해 주시라. 연습이 필요하실 게다. 아이의 말을 바로 판단하고 비난하거나 화를 내거나 험한 말을 하면 대화는 그걸로 끝. 아이 마음에 상처만 남긴 채. 이런 경험을 몇 차례 한 아이가 다시 엄빠에게 말 걸고 싶을까? 앞으로는 말을 안 하려 하거나 부모가 듣기 좋은 말만 하려 할 가능성이 크다.

아이가 실망스럽거나 속상하게 하는 말을 하더라도 고수 부모는 이렇게 한다. "그럴 수 있지", "솔직하게 말해줘서 고맙구나". 이렇게 반응하면 아이는 '우리 아빠엄마는 나의 어떤 부족한 모습이라도 받아 주실 분들'이라는 믿음을 갖게 된다. 감정을 더 솔직하게 표현하고, 더 많은 마음 속 이야기를 하게 될 것이다. 부모의 일관성 있는 태도가 주는 안정감은 아이 자존감도 크게 높여준다.

엄빠가 언성 높이고 혼낼 줄 알았는데 예상외로 따뜻하게 받아주면, 아이들은 놀라면서도 감동받는다. 그러면서 이제 잘 해야겠다고 생각한다. 아이 마음을 움직이는 건 비난하고 혼내는 게 아니라 흔들리지 않는 따뜻함 아닐까.

영어 그림책이 아이 교육과 정서에 좋은 이유

아이들은 그림책을 읽으며 즐거워한다. 그림책 작가들은 잘 고른 쉬운 단어만 써서, 어울리는 그림과 함께 보여준다. 아이들은 영어 그림책을 통해 원어민이 실제 쓰는 기본 단어만 쓰인, 쉽고 재미있는 영어문장을 만난다. 자연스럽게 기초영어에 익숙해지는 것이다. 영어 그림책을 반복해서 읽은 아이는 자기도 모르는 사이 어휘력과 표현력이 풍부해진다. 아이들이 스스로 글을 읽을 수 있을 때까지는 엄빠가 읽어주어야 한다. 몇 년 동안 부모가 대신 읽어주는 수고를 한다면, 아이는 평생 책 읽기를 좋아하는 사람이 될 것이다.

아이들은 귀가 민감해서 엄빠가 영어 그림책을 많이 읽어주면,

영어를 우리말 배우듯 습득한다. 부모의 발음은 중요하지 않다. 앞으로 원어민 발음에 아주 많이 노출될 테니까.

작가들이 고민해서 선택하고 쓴 단어와 문장들이 담긴 영어 그림책은 완벽한 첫 영어교과서이다. 유해한 말, 부정적인 내용도 없다. 세상 다른 나라 아이들이 먹는 모습, 노는 모습, 일상 생활도 보며 영어권 국가들의 문화도 간접적으로 체험한다.

아이들 책에 나오는 그림은 읽는 이의 마음을 움직인다. 요즘은 국내외 모두 작가들의 그림이 뛰어나고 내용도 참신해졌다. 동화책에 나오는 캐릭터를 보면 아이들뿐만 아니라 어른들도 위로 받는다. 음악뿐만 아니라 미술도 치료 효과가 있는데 동화책도 그런 것 같다. 저자는 "배고픈 애벌레", "갈색 곰, 갈색 곰, 무엇이 보이나요?"와 같은 고전으로 유명한 에릭 칼, 사랑받는 어린이 고전인 "Where the Wild Things Are"를 쓴 Maurice Sendak 그리고 "Lost and Found", "The Day the Crayons Quit" 등 기발하고 마음이 따뜻해지는 이야기로 유명한 Oliver Jeffers 등의 작품을 보며 신선한 충격을 받았다. 아이들과 지역 서점의 어린이책 매대에 가서, 어떤 책에 손이 가는지 살펴보시라. 아이의 마음을 사로잡는 그림과 캐릭터가 분명 있을 것이다.

그림책을 함께 읽으면 엄빠와 아이 간의 친밀감을 키워 정서적 유대감이 강화된다. 그림책에 담긴 그림과 이야기는 아이들의 상상력을 자극하여 창의적 사고와 감정 표현도 장려한다. 정기적으로 그림책을 읽으면 편안한 일상이 형성되고, 정서적으로 더 안정된다. 영어 그림책을 아이의 일상에 접목시킴으로써, 부모는 아이의 정서 발달을 돕고, 아이가 자신의 감정을 효과적으로 이해하고, 표현하고, 관리하는 어른으로 성장하도록 도울 수 있다.

엄빠 목소리로 직접 읽어 주세요.

아이는 좋아하는 책이 생기면 그걸 들고 엄빠에게 온다. 어쩌면 책의 내용을 이해하고 싶어서라기 보다는 엄빠가 만져주길 바래서, 목소리를 듣고 싶어서, 재미있는 책읽기를 부모와 함께하고 싶어서 그렇게 한다. 엄빠와 함께 하는 순간이 중요하고, 동화책을 읽어줄 때는 평소에 바쁜 엄빠가 나만 봐주는게 좋아서. 그래서 이미 여러 번 읽어서 내용을 아는 책인데도 또 가지고 오는 것이다. 그 평온하고 안정된 느낌을 아이는 원하는 것이다. 엄빠만 줄 수 있는 그 느낌을. 아이들을 늘 마음이 편안한 사람으로 키우는데 책읽어주기 보다 좋은 게 뭐가 있을까? 게다가 아이의 지적 능력 향상에도 도움이 된다. 아이들의 인지능력은 아직 충분히 개발되지 못한 상태여서 글로 보는 것보다 엄빠 목소리로 듣는 것이 이해가 더 잘된다고 한다. 애정어린 목소리로 아이의 이해력을 길러 주시라.

지금은 모든 책을 엄빠가 옆에 앉아서 또는 품에 안고 읽어 주지만, 시간이 지남에 따라 엄빠가 읽어주기와 혼자읽기를 병행하다가, 언젠가부터 어차피 아이는 혼자서만 읽게 될 것이다. 단어와 표현들을 알아가며 책에 재미를 붙이면서, 혼자 책을 펼쳐보는 때가 언젠가 분명 온다. 혼자 읽다가도 질문을 가지고 엄빠에게 반드시 온다. 혼자 책 한 권을 다 읽은 날에는, 아이와 엄빠 모두에게 역대급 상을 주시길! 아이가 독서 자체의 즐거움에 한 발 더 성큼 다가선 것이므로.

혼자서만 읽기 전에 충분히 책읽는 목소리를 들려주시라. 그러면 더 이른 나이에 혼자 책읽기도 좋아하는 아이가 될 것이다. 엄빠와 함께 책 읽은 기억을 아주 오래 간직하면서.

아래에 나오는 내용들을 염두에 두고 읽어주자.

1) 성우는 아니지만 책의 캐릭터와 분위기에 맞춰 목소리와 말투에 변화를 주기 – 이렇게 하면 아이에게만 아니라 엄빠도 다른 재미를 느낄 수 있을 게다. 아이가 바싹 다가오고 평소 산만한 아이도 귀를 쫑긋하고 가만히 듣는 신기한 일이 벌어질 수도 있다. 재미있는 만큼 더 오래 지속할 수 있다. 하루 일과 후, 녹초가 되었을 때 아이가 책을 가지고 다가오면 한숨이 날 수도 있다. 하지만 인내심을 가지고 읽어줘 보시라. 아이는 행복하고 엄빠는 더 큰 위로를 받을 수 있다.

2) 내용만 읽어주려 하지 말고 표지의 그림부터 주목해 보시라. 글을 읽기 전에 그림을 손으로 짚어 주며 책이 어떤 내용일지 아이가 상상하게 해보자. 아이의 상상력은 '엄빠의 질문'에서 발휘되기 시작한다. 배경이나 캐릭터들을 가리키며 아이에게 질문해 보시라. 이 사람/동물이 어떻게 생겼는지. 이 곳은 어떤 곳인 것 같은지 등. 물어보다 보면 질문거리가 늘어날 것이다. 질문하다 보면 그런 그림을 그리고 그런 이야기를 만들어낸 작가의 기발한 생각과, 더 기발한 아이의 상상에 놀라며 함께 웃을 때도 있을 것이다.

3) 본문을 읽은 후에는 함께 뒤표지를 보시라. 뒤표지가 이야기의 끝인 경우도 있고, 중요한 캐릭터의 결말을 보여 줄 때도 있다. 상상력을 길러주는데 도움이 된다.

4) 책을 읽어 준 다음에 내용을 얼마나 이해했는지 확인질문 하는 것은 삼가시라. 함께 책을 읽는 것으로 아이의 마음은 이미 충만해졌다. 의무감으로 하는 독후활동 질문 때문에 아이가 책을 다시 들고 오지 않으면 큰 일이다.

5) 아이가 본문에 나오는 글자에 집중하지 않더라도 좌절하거나 화내지 마시길. 그림만 따라가려 하면 그렇게 놔 두어도 된다. 책과 가까워지는 것이 지금은 더 중요하다.

6) 아이 취향을 쉽게 단정하지 않기

다섯 살 까지는 곤충이 나오는 그림책을 싫어하다가, 그냥 여섯 살이 된 후에는 잘 보는 아이도 있다. 동물 그림 안 좋아하던 아이가, 동물원에 다녀온 후, 바뀌는 경우도 있다. 아이마다 새로운 뭔가를 받아들이는데 걸리는 시간이 다르다. 처음 영어 그림책을 읽어 줄 때는 낯설어 하고 어색해하는 아이들이 많다. 그러니 '우리집 아이는 그림책을 싫어해, 책을 사줘도 안 봐' 라고 단정짓지 마시라. 그리고 실은 엄빠의 영어에 대한 태도가 아이에게 전달되는 경우도 있다. '우리는 영어를 싫어하는데 아이가 좋아할까?' 이런 태도 말이다. 그냥 열려 있는 마음으로 영어 그림책을 보여 주시라. 인기 캐릭터뿐만 아니라, 푸른 하늘에 하얀 구름, 뛰노는 강아지, 쉬운 문장 하나, 등장인물의 표정 하나가 아이의 마음을 사로잡아 그림책에 빠져 들게 할 수 있다. 아니면 그저 내용은 잘 모르겠지만, 그림책 읽어 줄 때는 엄빠 품에 안겨 있는 게 좋아서, 목소리 듣는 게 좋아서, 계속 읽어 달라고도 할 수 있다.

7) 그림책 읽어주기 좋은 시간

대부분의 아이들은 처음부터 집중해서 그림책을 보지 못한다. '여기 가만히 앉아서 잘 봐봐' 이런 말은 꼭 참으시라. 엄빠와 아이 모두 시간에 쫓기지 않고 몸과 마음의 상태가 좋을 때 읽어

주기 시작하시길. 그림책을 보다가 다른 데로 시선을 돌려도 괜찮다. 처음에는 10~20초만 집중하다가, 1~2분 이상으로 집중하는 시간이 차츰 늘어날 것이다. 여유로운 마음으로 조금씩 꾸준히 시도해야 한다. 하지만 어떤 경우든, 해야만 하는 숙제나 공부처럼 느끼게 해서는 안된다.

한글 해석을 요구한다면?

일반적으로, 유아들은 부모의 목소리에 귀를 기울이며 그림책 내용을 유추하기에 한글 해석을 해줄 필요는 없다. 그러니 아이가 답답해하면 어쩌나 염려하지 마시라. 엄빠가 책의 전반적인 내용을 미리 파악해 두는 정도는 괜찮다. 아이가 그림에 시선을 계속 주고 있다면 오케이다. 그런데 자꾸 해석해 달라고 하는 아이도 있다. 아이들의 성향은 정말 다양하니까. 그럴 땐 전반적인 내용을 간단히 말해 주거나 대충 편안하게 해석해 주면 된다. 완벽하게 해석할 필요는 없다. 한 문장씩 다 해석해주기보다는 책에 대한 아이의 관심을 유지시킬 정도의 한국어 설명을 해주면 충분하실 게다.

그렇지만 문장 한 줄을 읽어줄 때마다 아이가 계속 해석해 달라고 하면, 모르는 단어의 뜻을 먼저 알려주면서 아이가 스스로 해석해 보도록 유도하시라.(이럴 때 공을 들여 영어 그림 사전을 활용하면 더 좋다) 그 다음에 영어문장을 다시 읽어주고 필요한 만큼 설명해 주시길.

6개월이건 1년이건 일정 기간 영어 그림책을 읽어 주는 시간이 쌓이면 아이는 엄빠의 목소리를 들으며 교감하는 시간을 더 좋아하게 될 것이다. 한 가지 유의사항이 있다. 아이가 그림책 내용을 너무 이해하지 못한다고 느낀다면 그림책 수준을 낮추어야 한다. 나이에 상관없이 더 쉽고 만만한 걸로 바꿔서 읽어 주자. 해석을 너무 자주 요구하는 것도 아이에게 벅찬 수준이라는 신호일 수 있다. 그러므로 아이의 수준을 파악하되, 욕심을 내려 놓으시고, 수준에 맞게 골라서, 그림책에 대한 흥미를 잃지 않도록 도와주자.

시작은 짧고 쉬운 그림책으로

눈으로 그림을 보며, 귀로는 엄빠가 읽어 주는 소리를 들으며, 아이는 새로운 언어를 배운다. 알파벳을 모르는 아이들은 그림을 먼저 본다. 엄빠가 그림을 손가락으로 짚으면서 그림책을 읽어주면, 아이는 그림의 의미를 자연스럽게 알게 된다.

아래는 어린이 독자들에게 제일 처음 읽어 주기 적합한 쉬운 영어 그림책 3권이다.

1. "Brown Bear Brown Bear, What Do You See?

빌 마틴 주니어(Bill Martin Jr.)와 에릭 칼(Eric Carle)이 쓴 책: 이 고전 그림책은 리드미컬한 텍스트와 다채로운 그림으로 구성되어 있어 어린 아이들에게 다양한 동물과 색상을 소개한다. 간단하고 반복적이며 흥미를 유발하므로 초기 독자에게 이상적이다.

2. "Goodnight Moon"

마가렛 와이즈 브라운(Margaret Wise Brown) 글, 클레멘트 허드(Clement Hurd) 그림: 사랑받는 잠자리 독서 이야기인 "Goodnight Moon"은 작은 토끼가 방에 있는 모든 것에 잘 자라고 말하는 모습을 그린다. 잔잔한 리듬과 부드러운 그림이 돋보이는 이 책은 잠들기 전 긴장을 풀기에 딱 좋다.

3. "Chicka Chicka Boom Boom"

Bill Martin Jr.와 John Archambault 글, Lois Ehlert 그림: 이 활기 넘치는 알파벳 책은 소문자들이 코코넛 나무 위로 올라가는 이야기를 들려준다. 모두 정상에 도달한다. 눈길을 끄는 운율과 생동감 넘치는 일러스트레이션을 통해, 어린이들에게 알파벳을 재미있고 흥미롭게 소개할 수 있다.

아래는 아이들에게 가장 추천하는 영어 그림책 작가 5명이다.

1. Beatrix Potter

Beatrix Potter는 Peter Rabbit처럼 의인화된 동물이 등장하는 매력적인 이야기로 유명하다. 부드러운 유머와 도덕적 교훈으로 가득 찬 그녀의 아름다운 그림 이야기는 한 세기가 넘도록 어린이들을 매료시켜 왔다. 그녀의 인기 작품으로는 "피터 래빗

이야기", "제미마 퍼들덕 이야기", "벤자민 버니 이야기" 등이 있다.

2. Dr. Seuss (Theodore Geisel)

Dr. Seuss는 가장 유명하고 사랑받는 아동 도서 작가 중 한 명이다. 그의 상상력이 풍부한 이야기, 유쾌한 언어, 기발한 삽화는 여러 세대의 독자를 사로잡았다. 아이 독자들이 꼭 알아야 하는 2~3백 단어만 사용해서 정말 쉬운 책을 썼다. 그의 유명한 작품으로는 "모자 속의 고양이", "녹색 계란과 햄", "오, 당신이 갈 곳!" 등이 있다.

3. Eric Carle

Eric Carle은 독특한 스토리텔링 능력과 생동감 넘치는 일러스트레이션으로 가장 잘 알려진 사랑받는 동화 작가이자 일러스트레이터. 그는 70개 이상의 언어로 번역되어 전 세계적으로 5천만 부 이상 판매된 "배고픈 애벌레"를 포함하여 수많은 작품을 저술하고 그림을 그렸다. 그의 작품은 종종 자연과 성장을 주제로 하며, 어린 아이들의 공감을 불러일으키는 단순하면서도 심오한 이야기들이다.

4. Maurice Sendak

Maurice Sendak은 상상력이 풍부한 스토리텔링과 독특한 예술 작품으로 유명하다. 그의 책은 종종 어린 시절의 두려움, 상상력, 성장의 복잡성에 대한 주제를 탐구한다. 그의 가장 유명한 작품 중 하나는 환상적인 생물의 땅에서 거친 모험을 시작하는 맥스라는 어린 소년의 이야기인 "야생이 있는 곳"이다. Sendak의 다른 주목할만한 작품으로는 "In the Night Kitchen"과 "Outside Over There" 등이 있다.

5. Mo Willems

Mo Willems는 유머러스하고 흥미로운 이야기로 유명한 유명한 작가겸 일러스트레이터이다. 그는 사랑스러운 두 캐릭터가 우정을 나누며 일상의 도전을 헤쳐나가는 "Elephant & Piggie", 널리 사랑받는 "Don't Let the Pigeon Drive the Bus!"가 포함된 "비둘기(Pigeon)" 시리즈와 같은 인기 시리즈를 만들었다. 그의 책은 단순하면서도 표현력이 풍부한 일러스트레이션과 어린이의 참여를 유도하는 대화형 이야기 전개방식이 특징이다.

아이에게 참 좋은 자료 '노부영'

노부영('노래 부르며 배우는 영어'의 줄임말) 영어 그림책 덕분에 책읽기와 노래/음악을 좋아하게 되는 아이들이 참 많다. 아이 교육 관련 카페 등에서 그런 후기를 쉽게 찾아볼 수 있다. 쉽고 예쁜 영어 그림책을 펴고, 따라 부르기 좋은 노부영 음원을 재생하면 아이뿐만 아니라 엄빠도 즐겁다. 아이와 놀아주기에 참 좋다. 그림책 단어에 어울리는 흥겨운 멜로디를 입힌 노부영 노래들은 기억에도 잘 남는다.

노부영 책들은 Bill Martin Jr., Margaret Wise Brown, Eric Carle 등 세계적으로 유명한 어린이책 저자들의 작품들을 노래로 만든 것이다. 팝업북, 컷팅북, 수채화 등 책형태도 다양하고 예쁜 색깔과 디자인도 아이들의 시선을 끈다. 게다가 절로 따라 부르게 만드는 노래까지 있어서, 아이들이 새언어를 배우는 최고의 재료이다. 흥이 많은 아이들은 다양한 악기가 사용된 신나는 노부영 노래에 맞춰 춤을 추며 논다. 그러는 동안 아이의 귀와 머리에 영어가 스며드는 것이다. 반복해서 들려주면 따라 부르기 시작한다. 자연스러운 언어습득이다. 영어 책은 외우기 어렵지만 영어 노래는 그 보다 쉽게 외운다. 노부영 싱어롱, 노부영 베스트, 노부영 마더구스 등의 소전집과 노부영 낱권들 모두 명작들이다. 노부영을 좋아하게 되는 모든 아이들이 책과 노래/음악을 사랑하는 어른으로 성장하길 바란다.

한글 책읽기가 더 중요해요.

　모국어를 읽고 이해하는 능력이 모든 학습의 기초가 되기 때문이다. 엄빠와 함께 하는 책읽기의 즐거움을 유아기에 느껴본 아이들은 공부를 잘할 가능성이 매우 높아진다. 초등학교 입학 후 여러 학원에 보내지는 아이보다, 유아기때 한글독서의 재미를 맛본 아이들은 초등학교 고학년만 되어도 그렇지 않은 아이들보다 생각도 깊어지고 지식을 습득하는 속도도 빠르다. 또한, 모국어를 잘 이해하면 진정한 이중 언어 사용자가 되기가 더 쉽다.

　학교 공부를 잘하려면 읽고 이해하는 능력은 필수. 이 문해력은 단기간에 얻을 수 있는 것이 아니다. 영어 그림책과 함께 한글 책도 읽어 주시라. 엄빠의 책 읽어주기로 길러진 한국어 문해력이 아이 영어능력 향상의 탄탄한 기반이 되어줄 것이다. 아울러 인지 능력이 강화되어 다른 과목도 더 쉽게 배울 수 있다. 게다가 한국어 책읽기는 효과적인 의사소통과 이해에 중요한 우리말의 뉘앙스와 복잡함을 이해하는 데도 도움이 된다.

휴대폰을 보면서 많은 시간을 보내는 아이들 틈에서, 엄빠가 조성해준 환경속에서 정기적으로 느긋한 독서 시간을 가진 아이들은 공부도 더 잘 할 것이다. 또한 스스로 책 읽는 습관을 갖게 된 아이들은 더 충만한 삶을 살게 될 것이다. 그러므로 영어노출만 최우선 순위에 두지 마시고, 한글 책읽기를 영어 그림책 읽기, 영어 영상 노출과 병행하시길 권한다.

중고 서점의 장점들

1) 어린이 영어 원서는 비닐 포장이 된 것들이 많아서 내용을 미리 볼 수 없다. 하지만 중고서점 책들 대부분은 포장이 안 되어 있어서 목차 등 책 안의 내용을 살펴본 다음 구매할 수 있다.

2) 새 책 서점과 마찬가지로 책을 끝까지 읽어본 후 구매하지 않아도 된다. 특히 아이들 책은 짧은 것들이 많아서 이 방법도 좋다.

3) 엄빠와 함께 중고서점에 가면 아이들이 책을 고르는 동안, 엄빠가 책 읽는 모습을 보여 줄 수 있다. 엄빠도 여전히 공부중이며 책읽기를 좋아한다는 것을 보여주자.

4) 아무래도 책값이 저렴하기 때문에 여러 권을 바구니에 담게 된다. 그 결과 아이들은 더 다양한 책을 접하게 되고 책과 가까워진다. 고수 엄빠들은 전집은 중고로 사서, 보고, 당근으로 보낸다. 온라인에도 어린이용 물건 중고시장이 잘 형성되어 있다.

4장 초등 고학년을 위한 엄빠표 영어

어린이와 성인의 영어 습득방식

0-10세는 언어 습득 장치가 가장 활발하게 작동되는 시기다. 아이는 영어에 노출되면 성인보다 쉽게 몰입한다. 흉내를 내면서 직관적 모방을 통해 언어 능력을 습득한다. 자연스럽게 발화로 이어지는 경우가 더 많다.

반면 성인은 외국어 소리 듣기 자체가 어렵다. 평생 모국어만 들어서다. 그리고 구조화된 수업을 통해 문법 규칙과 어휘를 공부하는 등, 명시적인 학습 방법에 더 의존하는 경향이 있다. 특히 발음에 있어서 10세 이하 어린이는 원어민에 가까운 유창함을 달성할 수 있는 뛰어난 능력을 가지고 있는 반면, 성인은 원어민과 같은 발음을 얻는 데 어려움을 겪는 경우가 많으며, 어린이에 비해 전반적인 습득 과정이 더 느릴 수 있다. 초등 3~4학년이

지난 아이들의 영어습득은 성인과 비슷하다고 봐야 한다. 이들의 귀에도 영어는 모국어와 너무 다른 소리다.

학습은 일반적으로 문법, 어휘 및 언어 규칙을 명시적으로 가르치는 구조화된 교실수업에서 선생님으로부터 배우는 것이다. 반면에 습득은 아이들이 모국어를 배우는 것과 유사하게, 몰입과 상호 작용을 통해 교실 밖에서 자연스럽게 언어를 들으며 익히는 것이다. 성인은 영어를 눈으로 배우고 10세 이하 아이는 귀로 배운다는 말이 있다. 아이는 문장을 하나의 의미 덩어리로 인식하고 따라하며 습득한다. 성인은 해석과 분석을 통해 이해하려 한다.

초등학교 고학년이라면 리더스북 청독으로 시작하세요.

10살 이하와 초등학교 고학년의 영어 노출 시작은 다른 방식이어야 한다. 왜냐하면 초등 고학년 아이들은 유아보다는 성인의 뇌와 비슷한 방식으로 영어를 받아들이기 때문. 영어 동요나 영상물 보다는 리더스북 청독으로 시작하길 권한다. 이미 컸다고 영어 동요는 잘 안 들으려 할 것이고, 영상물도 아주 재미있는 게 아니면, 처음엔 거부할 가능성이 높다. 한글을 눈으로 읽으며 뜻을 이해하는 법을 아는 상태이므로, 영어 문자를 눈으로 보게 하면서 느린 속도로 듣는 청독으로 시작하는 게 더 바람직하다.

리더스북은 영어를 전혀 읽고 듣지 못하는 아이들의 읽기능력을 개발한다는 목적으로 만들어진 책이다. 한 예로 ORT(Oxford

Reading Tree) 1단계 책 한 페이지에는 영단어 한 두 개만 나온다. 그림을 보면서 원어민이 읽어 주는 소리를 들으며 읽게 하면, 영어 노출이 처음인 초등 고학년 아이도 뜻을 알 수 있다. 또한 고학년 아이는 학교에서 영어 수업을 받고 있고, 영어가 앞으로 진학과 사회생활에 중요한 도구라는 것을 안다. 그러므로 엄빠는 대화를 통해 아이와 영어 학습의 필요성에 대한 공감대를 형성하기 쉽다.

아이 컨디션이 좋아 보일 때 "앞으로 일정기간(3개월 또는 6개월 등) 매일 ORT 책 몇 권씩(한 권, 세 권, 다섯 권 등) 읽어보자" 이런 식으로 제안해보시라. 아이가 조급함이나 부담을 느끼지 않도록 배려해 주는 게 포인트. 제안을 받아들이면 좋아하는 물건을 사주겠다는 등의 보상을 제시하는 것도 좋다. ORT 1단계 책 한 권은 읽는 데 30초도 안 걸리므로 5분이면 열 권 넘게 읽을 수 있다. 처음에는, 아이는 입을 다물고 원어민 음원을 들으며 (ebook이라면 재생버튼을 눌러서 나오는 소리를 들으며) 같은 책을 두세 번 반복해서 청독하게 한다. 그렇게 청독을 몇 번 반복하면 아이는 원어민 소리를 따라서 읽을 수 있게 된다. 그 다음에는 원어민 음원 재생 없이 혼자서 읽는 낭독이 가능해진다.

이렇게 ORT 단계를 천천히 올려 가며 청독/따라 읽기/낭독할 수 있는 책들을 늘려가보자. 칭찬과 작은 보상을 수시로 해주면서. 그러면 아이는 상당한 성취감과 자신감을 경험하게 된다. 여기서 중요한 건 아이가 만만하게 여기는 레벨의 책에 충분히 오래 머물며 '진도를 천천히' 나가는 것이다. 아이들의 반응을 살피며, 천천히 진행해서 자신감을 갖게 하는 것이 최고 우선순위가 되어야 한다.

영어책 읽기가 루틴이 되면 영어 영상물을 시청할 차례

    매일 리더스북을 반복해서 읽는 루틴은 탄탄한 기초가 될 것이다. 게다가 꾸준하게 쉬운 영어 음원을 듣는 습관까지 생기면 영어 습득에 가속이 붙는다. 하지만 리더스북은 텍스트가 많지 않고, 따라서 음원이 짧으므로 충분한 영어 노출은 될 수 없다. 그래서 영어 영상물 시청이 필요하다. 역시 아이가 보기에 무리가 없는 쉬운 영어 영상으로 시작하자.(부록 추천 유튜브채널 참조) 그리고 아이들에게 인기있는 그림책을 원작으로 만든 영상물도 거부감을 줄여줄 게다. 유튜브에서 이런 영상들을 쉽게 찾을 수 있다. 아이가 좋아하는 캐릭터 이름이나 재미있게 읽었던 그림책 제목(키워드를 '책 제목+animated로)으로 검색해 보시라. 또는 'animated kids book'이나 'animated books'로 검색해도 좋은 영상이 많이 나온다. 만약 아이가 재미있게 본 디즈니 영화나 넷플릭스 kids 영화가 있다면 베리 굿이다. 재밌는 영상을 틀어주더라도, 아이인지라 처음에는 차분히 앉아 영상 하나를 집중해서 보기는 어렵다. 하지만 점점 한자리에서 끝까지 보는 빈도가 늘어날 것이다.

처음에는 한글 자막을 켜놓고 영화를 보게 하고, 그 다음에는 영어 자막을 보게 하거나, 스크립트를 구해서 청독하게 하는 방법도 좋다. 영화 스크립트는 IMSDB(인터넷 영화 스크립트 데이터베이스) imsdb.com과 simplyscripts.com 등에서 구할 수 있다. 진짜 좋아하는 영화(겨울왕국, 쿵푸팬더, 알라딘 등 아이들 인기 영화는 참 많다)라면 몇 십 번 이상 보려는 아이들도 있을 것이다. 이렇게 하면 듣기 실력이 많이 향상된다. 따라 읽기까지 한다면 발음, 강세와 억양도 원어민을 닮아가며, 말하기의 유창함도 크게 향상될 것이다.

여러 장르와 작가를 접하게 해 주세요.

아이들의 취향은 참 다양하다. 보통 아이들은 문학책을 재미있게 읽는다. 반면에 어떤 아이들은 문학책은 거들떠보려 하지도 않는다.

다음은 전통적인 문학 서적을 좋아하지 않는 초등학생 어린이가 즐길 수 있는 도서들이다.

1. "National Geographic Kids Everything" series
by National Geographic Kids

이 책들은 동물, 우주, 고대 문명 등 다양한 주제를 다루며, 놀라운 영상미와 재미있는 사실들로 가득 차 있다.

2. "Guinness World Records"

각 에디션은 전 세계의 흥미롭고 기괴한 기록으로 가득 차 있어 퀴즈와 재미있는 사실을 좋아하는 어린이에게 적합.

3. "The Big Book of Why" by Time for Kids Magazine

이 책은 아이들이 세상에 대해 자주 묻는 수백 가지 질문에 답하며 흥미로운 설명과 다채로운 그림을 제공한다.

4. "Ripley' s Believe It or Not!"

믿을 수 없을 만큼, 때로는 엉뚱한 실화와 사실로 가득 찬 이 시리즈는 이상하고 특이한 것을 좋아하는 어린이에게 안성맞춤.

5. "LEGO Nonfiction Series" by Scholastic

인기 있는 LEGO 브랜드와 교육 콘텐츠를 결합한 이 책은 우주, 공룡, 심해 생물과 같은 주제를 다루며 학습을 재미있고 흥미롭게 만든다.

6. "The Bad Guys"

Aaron Blabey가 글을 쓰고 그림을 그린 인기 어린이 그래픽 소설 시리즈이다. 등장인물인 Mr. Wolf, Mr. Shark, Mr. Snake등이 좋은 사람이 되기 위해 선을 행하려는 노력은 종종 우스꽝스러운 오해와 혼란으로 이어진다. 각 권에는 나쁜 놈들이 잘못을 바로잡고, 세상을 구하고, 자신이 모두가 생각하는 것만큼 나쁘지 않다는 것을 증명하려는 새로운 모험이 담겨 있다. Blabey의 재치 있는 글과 다채로운 삽화는 액션, 유머, 우정과 구원이라는 주제를 결합하여 어린 독자들 사이에서 인기가 높다. 기발한 캐릭터와 빠른 전개의 스토리텔링으로 '나쁜 녀석들'은 관객의 마음을 사로잡았고, 아이들 사이에서 가장 인기 있는 작품 중 하나가 되었다. 혼자 책읽기를 시작한 지 1~2년 되었을 때 보게 하면 좋다.

7. Julia Donaldson의 동화책들

리드미컬한 언어와 매력적인 스토리텔링으로 잘 알려져 있다. 소리내어 읽기에 적합하다. 책세트에 CD가 포함되어 있어서 읽기 전 듣기부터 해도 좋다. 그녀의 이야기에는 유머가 가득한 기발한 모험을 시작하는, 기억에 남는 캐릭터가 자주 등장한다. Donaldson의 책에는 청중의 참여를 장려하고, 어린 독자들이 읽고 쓰는 능력을 개발하는 데 도움이 되는, 반복적인 문구와 눈길을 끄는 운율이 많이 포함되어 있다. 또한 그녀는 사랑스런 삽화를 그리는 일러스트레이터 Axel Scheffler와의 협력을 통해 전반적인 독서 경험을 향상시키는 시각적으로 매력적인 책을 탄생시켰다. 우정, 용기, 문제 해결을 주제로 한 Julia Donaldson의 동화책은 어린이와 어른 모두에게 사랑받는 책이다. 혼자 책읽기를 시작한 지 1년쯤 되면 읽을 수 있다.

8. 쿠엔틴 블레이크(Quentin Blake)의 일러스트레이션이 포함된 로알드 달(Roald Dahl)의 작품들

기발한 매력과 생동감 넘치는 캐릭터로 유명하다. Blake의 독특한 예술 스타일은 Dahl의 상상력이 풍부한 세계에 생명을 불어넣고 작가의 기발하고 종종 짓궂은 캐릭터의 본질을 그대로 드러낸다. 마틸다의 불운부터 "찰리와 초콜릿 공장"에 나오는 찰리 버킷의 마법 같은 모험까지, 블레이크의 일러스트레이션은 달의 재치 있는 스토리텔링을 완벽하게 보완한다. 그의 역동적이고 표현력이 풍부한 그림은 Dahl의 이야기에 깊이와 유머를 더해 모든 연령대의 독자를 사로잡는다. 수준이 좀 있어서 혼자 책읽기를 시작한 지 2~3년 지난 후부터 보게 하길 권한다.

9. "13층 나무집" 시리즈(13 Story Tree House series)

Andy Griffiths의 책을 원작으로 하고 Terry Denton이 그림을 그린 이 시리즈는 끝없는 방과 장치로 가득한 환상적인 나무집에 사는 두 명의 가장 친한 친구인 Andy와 Terry의 세상에 없던 모험을 그린다. 각 에피소드에서는 듀오가 다음 책을 집필하면서 야생 동물, 기이한 캐릭터, 자신만의 상상력이 풍부한 창조물과 대결하는 모습을 볼 수 있다. 엉뚱한 유머와 창의적인 스토리텔링을 갖춘 이 시리즈는 어린이들의 모험심과 상상력을 자극한다. 독자는 층마다 새로운 놀라움이 있고 구석구석에서 새로운 아이디어가 촉발되는 다채롭고 엉뚱한 나무 위 집의 세계에 빠져들게 될 게다. 앤디와 테리는 그들의 모험을 통해 어린 청중이 창의성, 우정, 스토리텔링의 즐거움을 받아들이도록 영감을 준다.

10. Usborne의 플랩북

플랩북은 책장에 접힌 부분을 펼쳐서 볼 수 있도록 된 책이다. 해당 그림과 연결되는 또 다른 그림 및 내용이 들어있어 아이의 호기심을 자극하고 상상력을 높여준다. 이 출판사는 질 좋은 어린이책을 출간한다. 수학, 과학 등 여러 방면 지식을 재미있고 쉽게 설명한다. 문학책 싫어하는 애들도 좋아한다.

11. DK 출판사의 지식 책들

다양한 관심 분야, 다양한 레벨의 어린이용 책 출판사다. 백과사전으로도 유명하다. 스토리에 흥미를 보이지 않는 아이에게 만지며 만들어 볼 수 있는 이 출판사의 보드북을 쥐어 줘 보시라.

12. Let's Read and Find Out 시리즈

이 시리즈는 하퍼콜린스(HarperCollins)가 출판한 논픽션 동화책 모음집이다. 이 책들은 어린이 독자들에게 흥미롭고 접근 가능한 방식으로 과학적 개념을 소개하도록 고안되었다. 각 책은 명확한 언어와 다채로운 그림을 사용하여 동물, 우주, 인체와 같은 특정 주제를 탐구한다. 이 시리즈는 미취학 아동을 위한 간단한 설명부터 좀 더 큰 어린이를 위한 심층적인 콘텐츠까지 다양한 수준으로 나누어져 있다. 이 책들은 우리 주변 세계에 대한 호기심과 학습에 대한 사랑을 키우는 것을 목표로 기획되었다.

책과 영상을 골라주는 팁

엄빠는 아이의 지적인 수준과 관심분야를 고려해서 책과 영상을 골라줘야 한다. 제법 혼자 읽기에 익숙해졌다 하더라도 아직 어른이 아니기 때문이다. 책을 골라주는 요령 하나는 아마존이나 북메카, 웬디북, 제이와이북스, 동방북스, 하프프라이스북, 잉크 앤페더 같은 원서 판매 웹사이트를 참고하는 것이다. 이런 웹사이트에서는 베스트셀러와 책의 권장 연령대를 알 수 있다.

아울러 엄빠가 우리 아이에게 맞는 내용인지 줄거리를 확인하는 수고도 해야 한다. 판매 사이트 뿐만 아니라, 네*버 같은 포털에서도 책을 검색하면 후기들을 읽어 볼 수 있다. 또는 많은 학부모들이 가입되어 있는 학습관련 카페에서도 유용한 정보를 얻을 수 있다. 유해 콘텐츠로부터 아이들을 보호하고 좋은 책과 영상을 골라주는 것은 엄빠가 해야 할 일이다.

 책 고르기가 어려울 때는 레벨에 맞는 책들 중에서, 아래 수상작을 읽으면 오케이다.(레벨 설명은 86페이지 참조)

1) 뉴베리 메달(Newbery Medal)은 미국 도서관 협회(ALA)가 매년 미국 어린이 문학에 가장 뛰어난 공헌을 한 작가에게 수여하는 상이다. 18세기 영국 출판사인 존 뉴베리(John Newbery)의 이름을 따서 명명된 이 상은 1922년부터 수여되었다. 이 상은 아동 문학 분야의 뛰어난 스토리텔링, 인성 발달, 문학적 가치를 인정하는 상이다. 선정 기준이 문학성이라서 역사, 인권 등 좀 무거운 주제를 다룬 작품도 많다. 얼리챕터북 이상을 읽을 수 있는 아동에게 적합하다.

2) 칼데콧 메달(The Caldecott Medal)은 미국 도서관 협회가 매년 가장 뛰어난 미국 어린이 그림책 작가에게 수여하는 상이다. 매혹적이고 상상력이 풍부한 삽화로 유명한 19세기 영국 삽화가 랜돌프 칼데콧(Randolph Caldecott)의 이름을 따서 명명되었다. 이 상은 그림책의 예술과 스토리텔링의 융합을 기념하고 동화책 일러스트레이션의 우수성을 인정하는 것을 목표로 한다. 이야기를 아이가 잘 이해할 수 있도록 풀어내는 것과, 그림의 예술성이 중요한 평가 기준이다. 그림을 아이와 함께 보면서 대화하기 좋은 작품들이다.

3) 카네기 메달은 CILIP(Chartered Institute of Library and Information Professionals)이 매년 수여하는 영국의 권위 있는 문학상이다. 1936년 제정되어 매년 한 권을 선정한다. 스코틀랜드계 미국인 자선가 앤드루 카네기의 이름을 딴 이 상은 영어권 아동 및 청소년 문학 분야에서 뛰어난 작품을 기리는 상이다. 이 상은 뛰어난 문학적 품질, 창의성, 젊은 독자들과의 관련성을 보여주는 책에 수여된다. 영국에서 가장 오래되고 권위 있는 아동 문학 부문 상이다.

4) 가이젤상(Theodor Seuss Geisel Award)은 매년 미국 도서관 협회가 수여하는 아동 문학 부문 상이다. 이 상은 미국에서 출판된 초보 독자를 위한 가장 뛰어난 미국 책의 저자와 삽화가에게 수여된다. Dr. Seuss로 더 잘 알려진 Theodor Seuss Geisel의 이름을 딴 이 상은, 어린 독자들을 위한 고품질의 매력적인 책 창작을 장려한다. 수상작은 읽기를 막 시작하는(미국 초등학교 2학년까지 아동 대상) 어린이들의 관심을 끌기 위해, 텍스트와 그림을 잘 결합하는 창의성과 상상력을 보여야 한다. 미국 도서관 협회 홈페이지(www.ala.org)의 Awards & Grants 메뉴아래 Book, Print & Media Awards로 들어가면 볼 수 있는 See all Awards를 누르고, Geisel로 검색하면 역대 수상작을 확인할 수 있다. 2004년에 제정.

5) 한스 크리스티안 안데르센상은 국제청소년도서위원회
(IBBY)가 2년마다 수여하는 권위 있는 국제 문학상이다. 이 상
은 아동 문학에 지속적인 공헌을 한 작가와 삽화가를 표창한다.
시대를 초월한 동화로 유명한 덴마크 작가 한스 크리스티안 안데
르센의 이름을 딴 이 상은 전 세계 어린이를 위한 글쓰기와 일러
스트레이션 부문에서 뛰어난 업적을 기리는 상이다.

6) 케이트 그린어웨이 메달(Kate Greenaway Medal)도
CILIP(Chartered Institute of Library and Information
Professionals)가 선정한다. 매년 '어린이 도서에 나온 뛰어난
일러스트레이션'을 표창하는 영국의 상이다. 이 메달은 CILIP
가 일러스트레이터에게 수여한다. 유명한 빅토리아 시대 삽화가
케이트 그린어웨이(Kate Greenaway)의 이름을 딴 이 상은 어
린 독자들을 사로잡는 일러스트레이션의 중요성을 강조한다. 영
국에서 출판된 어린이 대상 책들 중, 삽화가 뛰어난 책들이 선정
된다. 그림책에 준다는 점에서 칼데콧 메달과 유사하다.

위에 나오는 메달이나 상을 받은 책에는 씰이 붙는다. 도서관에
서 책을 고를 때 씰이 붙은 걸 선택하면 무난하다. 하지만 수상작
이라도 아이의 관심분야인지, 취향에 맞는지, 읽기 레벨에 적당
한지 점검해 보실 필요는 있다.
작품성과 예술성을 인정받은 이런 수상작들은, 한글 번역서가

많이 출간 돼있다. 번역서를 먼저 읽게 한 후, 원서를 읽게 하는 것도 좋은 방법이다. 언젠가 아이가 스스로 자기가 볼 책을 고르게 될 날이 올 것이다. 그때까지는 엄빠가 정성을 기울여 골라 주시라.

아이가 좋아하는 분야의 자료를 제공해 주기

아이가 꽂혀있는 팝송이나 뮤지컬이 있다면 가사를 출력해서 따라 부를 수 있게 유도해 보시라. 아마 시키지 않아도 온라인 사전이나 번역기를 이용해서 뜻을 알아보려 할 것이다. 만약 좋아하는 가수나 유명인이 있다면 그들의 인터뷰 영상이나 강연 영상을 검색해 주시라. 몇 번이고 반복해서 시청할 것이다. 야구를 좋아하고 메이저리그 야구를 즐겨 본다면 관련된 한글책, 영어책, 영어 영상물을 함께 제공해 주시길. 자발적으로 덕질하며 덤으로 영어도 늘 것이다. 아이가 즐길만한 영어 자료를 찾아주는 노력에는 보상이 따른다.

인풋을 충분히 주어 아웃풋 유도하기

아이들에게 인풋이 충분히 주어지면 아웃풋이 나오기 시작한다. 시작하는 시기는 다 다르다. 느리지만 아이는 지금 자기 속도대로 영어를 습득하는 중이다. 2~3년간 아무런 아웃풋이 없다가, 갑자기 입이 트이는 아이도 많다. 언제일지는 모르지만 모국어가 그렇듯 언젠가 영어를 말하기 시작할 게다. 걱정마시고 꾸준히 인풋이 지속되게 해주시라. 말하기 수준은 언제 영어 발화를 시작했는지와는 별로 상관이 없다. 얼마나 많은 인풋을 얼마나 오래 주었는지가 중요하다. 일정 기간 영어노출을 해주면, 아이들은 영어로 말하고 싶어한다. 그럴 때는 다음에 나오는 방법으로 아이들의 듣기/말하기 연습을 도와주시길 권한다.

1. 화상영어를 이용하는 방법

많은 가정에서 활용한다. 학원에 보내는 것보다는 비용이 적게 들고, 쉽게 시작할 수 있다. 혼자 읽기 시작한 후, 1~2년쯤 지났을 때가 시작하기 좋은 시기다. 아이에게 쉬운 교재를 선택하는 것도 포인트다. 필리핀 국적 화상영어쌤들은 수업료도 저렴하고 대체로 한국 어린이들을 무척 귀여워한다. 칭찬도 잘 해준다. 아이들이 필리핀 영어 발음을 갖게 되면 어쩌나 걱정할 필요는 없다. 더 장시간 노출될 미국/영국식 발음을 구사하게 될 테니까. 예산을 더 쓸 수 있다면 북미권 쌤들과의 수업도 좋다. 하지만 북미권 강사들은 필리핀 강사들보다는 아이들에게 조금 데면데면한 느낌이 있다. 제일 중요한 건 아이들이 좋아하는 쌤들과 수업하게 해 주는 것. 시범 수업이 가능하다면 여러 쌤들과 화상으로 만나보고 아이들의 반응을 살펴 결정하면 된다.

성인들이 많이 이용하는 화상영어는 매일 쌤을 바꿀 수 있는 시스템이 인기다. 하지만 아이들은 정해진 쌤과 계속 수업하는 게 더 좋다. 아이들은 매번 낯선 사람과 대면하는 게 더 어색할 수 있으므로. 그리고 테스트를 진행한 강사와 수업하는 업체를 고르시라. 교재는 보통 어린이 회화용으로 검증된 것을 사용하니 많이 신경 써서 검토하지 않으셔도 된다. 1:1화상영어 뿐 아니라, 요즘은 아웃스쿨(https://outschool.com) 같은 줌으로 수업하는 그룹화상영어 플랫폼도 이용자수가 늘고 있다.

2. 화상영어 이후

 어느 정도 화상영어에 정착한 후에는 온라인 영어 북클럽을 이용해 보자. 네*버 카페 등에서 검색하면 찾을 수 있다. 영어 북클럽은 보통 독서 후에 하는 토론수업을 일컫는다. 레벨테스트를 먼저 해서 아이가 참여할 수 있는지 확인한다. 비슷한 아이들끼리 그룹으로 묶어주기 때문이다. 초등 저학년 북클럽은 얼리 챕터북이나 쉬운 챕터북으로 수업을 진행한다. 국제학교에 다니는 아이들이 많이 참여한다. 고학년 북클럽은 노블을 읽고 토론수업을 한다. 칼데콧 메달이나 뉴베리 메달을 받은 책을 주로 다룬다. 쓰기 과제를 주는 곳도 있다.

기초공사는 한글 책 읽기로

영어라는 외국어는 모국어 책읽기라는 기반 위에 튼튼하게 지어질 수 있다. 인간은 자신의 생각과 지식을 먼저 모국어로 풀어낸다. 모국어를 정확히 이해하지 못하면 영어로 된 책도 제대로 이해하기 힘들다. 다른 말로, 한국어 책을 안 읽으면, 이해력/어휘력이 떨어져 영어도 잘 안 는다.

요즘엔, 아이들이 책을 읽지 않는다고 많이들 말하지만, 자기집 아이가 책을 좋아하도록 만들기 위해 여러가지 노력을 기울이는 엄빠들은 그리 많지 않은 듯싶다. 학원에 안 보내서, 과외를 안 시켜서 아이가 영어를 못한다기 보다는 어릴 때 독서습관을 갖게 해주지 못해서, 영어노출을 안 해줘서, 못할 가능성이 크다. 어린 아이가 쉽고 재미있는 책들(팝업북, 조작북, 보드북, 토이북, 사운드북, 플랩북, 헝겊책, 스티커북, 목욕책, 알파벳책 등]을 만지고 놀며 책과 친해지게 도와주시라. 꾸준히 쉬운 한글책을 읽게 해야 한다. 이 과정이 든든한 반석이 되어 아이의 영어 실력도 향상시켜 주는 것을 보게 되실 것이다.

한글책으로 읽은 배경 지식은 아이가 영어를 습득할 때 밑거름이 되어 준다. 영어로 된 컨텐츠의 빠른 이해를 돕는다. 문학이든 비문학 분야든 상관없이 한국어로 미리 알게 된 배경지식은 영어원서 이해의 깊이도 더해준다. 다양한 분야의 한국어책을 읽은 아이는 생애의 어느 시점에 어떻게 다가올지 모를 문제와 기회에 대해 많은 준비를 한 셈일 게다. 독서는 공부를 잘 하는 것뿐만 아니라 많은 문제를 해결할 수 있는 연료도 된다. 그리고 가끔은 아이 수준보다 약간 높은 컨텐츠도 읽게 해주시길. 아이가 즐겨 읽는 책 사이에 살짝 끼워주시는 방식으로.

한글책과 영어책 병행은 필수

영어책과 한글책 읽기의 균형을 맞추는 게 중요하다. 아이가 재미있게 읽는 원서가 있다면 그 책의 한글 번역본도 읽게 해 주시라. 반대의 경우도 마찬가지. 영어책과 한글책 읽기를 비슷한 시점에 시작하는 아이는 양쪽 다 거부감없이 책을 읽을 수 있다. 알파벳과 한글 자모 중 뭘 먼저 배워야 하는지는 별로 중요하지 않다.(사자보다 lion을 먼저 알아도 아무 문제 없다.) 한글먼저 영어먼저 고민할 필요없이, 아이가 원하는 만큼, 원하는 비율로 많이 읽게 해(읽어) 주는 게 제일 좋다.

아이가 처음부터 두 언어 읽기를 거의 동시에 시작했다면, 균형을 맞추어 읽기 능력을 향상시키는 게 좋다고 생각한다.(이미 한글책 읽기를 상당히 진행한 아이라면 영어책 읽기 비중을 조금씩 늘려가면 된다.) 모국어 습득노력을 등한시하면 안된다. 우리나라에서 공부하고 학교생활을 하려면, 반드시 한글을 잘 읽고 이해할 수 있어야 한다. 한국어 문해력이 향상되지 않는다면 영어 읽기 능력 또한 정체되기 쉽다. 영어책만 읽히려 하지 말고 한국어 독서도 신경 써 주시라. 아이의 영어실력이 잘 안는다 싶으시면, 한국어 책도 많이 읽어 주고, 이야기도 더 많이 나눠주시길.

온라인은 엄빠표 영어를 위한
덜 기울어진 운동장

엄빠표 영어로 아이를 가르치다 보면 지금 하고 있는 방법이 맞는지, 다음 단계는 어떻게 해야 할지 막막한 느낌이 들 때가 있을 것이다. 많은 경우 온라인에 답이 있다. 다수의 영어 교육 관련 카페나 블로그에서 아이들 스터디모임을 모집한다. 참여 연령/레벨도 다양하고 주제도 다채롭다. 동화책 읽기 모임, 리더스북 읽기 모임 또는 특정 교재로 함께 배우는 모임 등. 이런 모임에 참여하면 엄빠표 영어를 같이 진행하는 분들끼리 서로 격려도 하고 응원도 해주므로 큰 힘을 얻을 수 있다.

부지런한 부모와 아이에게도 거의 매일 영어동화책을 읽고 영어 영상에 노출되는 것은 지루하고 힘든 일일 수 있다. 거주 지역에

도서관이 있다면 큰 이점이 될 수 있다. 많은 지역 도서관에서 엄빠표 영어프로그램을 진행한다. 보통 아이가 유치원이나 어린이집에 가 있는 오전시간에 모인다. 비슷한 연령의 아이를 키우는 부모들이 영어교육 뿐만 아니라 육아에 관한 정보도 공유한다. 엄빠표 영어를 시작은 했지만 지속하기가 힘들다면 앞에서 말한 온라인 스터디나 지역 도서관 프로그램에 참여해 보시라. 덜 외롭고 더 효율적으로 더 오래 지속할 수 있을 것이다.

이 외에도 활용할 수 있는 웹사이트와 앱도 있다.

1) 잠수네 커가는 아이들(www.jamsune.com): 한글독서와 영어독서를 장려하고 아이들 영어책 정보를 제공한다. 연령에 맞는 책추천도 해주고 종류별로 구분되어 있어서 찾기도 쉽다. 우리집 아이의 책읽기를 또래 친구들과 비교해서 그래프를 보여주기 때문에 우리 아이가 친구들보다 적게 읽는지 많이 읽는지 알 수 있다. 그리고 팀방이 있어서 원하는 엄빠들끼리 팀을 구성해서 서로 독려한다. 게다가 초등방, 중등방 게시판에서 교육에 관심이 많은 분들의 다양한 노하우를 얻을 수 있다.

2) 학습 기록 앱: 요즘은 별별 앱이 다 있다. 영어학습을 기록하는 앱도 유용하다. 앱스토어에서 '독서 기록'으로 검색하면 '북모리', '북적북적' 등이 나오는데 리뷰 등을 보고 마음에 드는 것을 써보시라. 다른 이용자들의 기록을 보면 게을러지지 않을 자극을 받을 수 있을 것이다.

지방 소도시는 불리한가?

 수도권이나 대도시에 살지 않는 것이 엄빠표 영어를 하기에 큰 장애물이 되지 않는다. 인터넷이 있기 때문. 위에서 말한 여러 온라인 소스들이 있지 않은가. 꼭 값비싼 학원에 보내지 않아도 된다. 엄빠가 관심과 에너지를 기울이면 아이를 위한 최적의 영어 환경을 조성해 줄 수 있다. 아이가 시간을 많이 보내는 거실에 전면책장을 두고, 거기에 예쁜 그림의 영어 동화책들을 놓는 것. 그리고 TV로 코코멜론이나 슈퍼심플송을 시청하게 하는 것이 우리 집을 영어도서관으로 만드는 첫 단추가 될 수 있다.

인풋을 많이 줬는데 아이가 영어를
유창하게 말하지 못하는 이유들

엄빠들은 아이에게 영어 영상노출과 그림책 읽기를 해주면서, 언제 영어로 말을 할까 기대한다. SNS에 나오는 또래 아이들이 유창하게 영어를 하는 것을 보며 조급해하기도 한다. 하지만 영어 말하기는 일정량의 영상노출과 영어 그림책 읽기를 지속적으로 한 후에 시작된다. 엄빠가 영어를 못해서 집에서 가족끼리 영어로 대화하지 않더라도 그렇다.(영어를 잘 알아듣게 된 아이도 영어로 말 할 동기가 부여되어야 영어로 말을 한다.) 영어 노출을 시작한 아이가 아직 영어로 말을 하지 않는 몇 가지 이유는 아래와 같다.

1) 외국어를 입에 담기에는 영어 노출 나이가 너무 어리다

아이의 나이는 태어나면서부터 시작되지만 영어 나이는 영어 노출을 시작한 후에 시작된다. 여섯 살에 영어 노출을 시작했다면 그 아이의 영어 나이는 그제서야 0세인 것이다. 거의 매일 영어 노출이 2~3년 이상은 쌓여야 영어로 말하기 시작한다. 너무 어릴 때 영어발화를 기대하거나 다른 아이와 비교하면 안된다. 공부를 시키거나 영어학원에 보내고 싶은 유혹에도 넘어가지 마시라. 아이 외국어 능력은 모국어처럼 습득되는 것이지, 책상에 앉아서 공부로 얻게 되는 게 아니다. 단기간에 우리집 아이가 영어를 잘 듣고 말하기를 기대하면, 엄빠도 스트레스 받고 아이는 더 지친다. 아이들이 영어에 익숙해지는 데에는 상당한 시간이 필요하고 개인적인 노력도 필요하다. 적어도 영어노출 시작 후 2~3년은 기다려 주시라. 아이의 미래를 장기적으로 보면 그리 긴 시간은 아닐 것이다.

2) 충분한 양의 영어 소리를 듣지 않았다.

아직 영문자를 모르는 아이에게 주된 인풋은 영어소리 듣기다. 보통 우리나라 가정에서는 영어소리를 충분히 듣기가 어렵다. 하루 한 두 시간 정도 영어소리를 꾸준히 듣게 해 주시길 권한다. 이보다 더 많으면 아이가 질릴 수 있다. 좋아하는 영어동요를 듣게 해 주거나, 영상을 보게 해 주거나, 읽어 준 적 있는 영어그림책 음원을 듣게 해 주면 된다. 꾸준히 흘려듣기도 하게 해 주시길. 아이의 일과를 배려해서 아이의 마음이 여유로울 때 이렇게

해주시면 된다. (218페이지 흘려듣기 하는 법 참조)

3) 아이의 자의식이 너무 강해서 어설픈 영어표현으로 비웃음을 사고 싶어 하지 않는다.

 아인슈타인이 만 네 살까지 말 한마디 없다가, 처음 한 말은 "엄마, 우유가 너무 뜨거워요."였다고 한다. 불완전한 영어를 말해서 부족함을 보여주고 싶지 않은, 완벽추구 성향이 있는 아이들이 늦게 영어발화를 시도하는 경우가 있다. 우리말은 이미 유창한데 영어가 상대적으로 떨어진다고 느껴서 아예 영어로 말하려는 시도를 안 하는 것이다. 요런 녀석들은 어쩌다 드물게 나오는 영어 아웃풋을 폭풍 칭찬해서 자신감을 높여 주고, 영어 사용이 필요한 환경(화상영어 등)을 만들어줄 필요가 있다.

4) 짧고 쉬운 영어책이 집에 없다.

 집안에 아이의 눈에 잘 띄는 곳에 쉽고 짧은 영어책을 놔두시라. 예쁜 그림과 단순한 내용의 재밌는 아이용 책이 정말 많이 나와 있다. 엄빠가 읽어 주기도 편하다. 노래 음원이 같이 있는 것이 더 좋다. 처음 영어소리에 노출될 때는 아이가 좋아하는 것을 파악할 필요가 있다. 이 때 아이와 함께 도서관에 가서 여러 영어 그림책을 보여 주거나 서점 영어도서 진열대에 진열된 다양한 책들을 보여 주는 것이 아이의 취향을 알아 내는데 도움이 될 수 있다.

영어 그림책을 고르는 또 다른 팁은 온라인 원서 쇼핑몰(북메카, 웬디북, 동방북스, 제이와이북스, 하프프라이스북 등)의 베스트셀러들을 찾아보는 것이다. 긍정적인 후기가 많은 그림책들의 표지와 책설명을 훑어보시라. 그 책들 중에서 우리집 아이가 좋아할 만한 것을 고르면 된다. 그림책 보다, 짧고 쉬운 리더스북을 더 좋아하는 아이들도 있다. 집안에서 아이가 노는 동선에, 잘 보이는 곳에 이런 책들이 있어야 아웃풋에 도움이 된다.

영어노출의 결과물은 금방 나타나지 않는다. 인간은 하나의 언어에 충분히 익숙해져야 유창하고 정확하게 구사할 수 있다. 아이의 영어능력에 눈에 띄는 변화가 없더라도, 실망하지 말고 기다리며 꾸준히 노력해 보시라. 아웃풋이 나오는 시기는 아이마다 다르지만, 언젠가 분명 나온다. 어떻게 하면 더 좋은 책과 영상에 지속적으로 노출시켜 줄 수 있을지 뇌즙을 짜며 포기하지 말고 버티시라.

부모가 초등학생 아이와 효과적으로 대화하는 10가지 요령

1. 온전한 집중

 아이가 말하고 싶어할 때, 자녀에게 전적으로 집중하세요. 전화, TV와 같은 방해 요소를 차단하고, 대화에 집중하세요.

2. 말을 끊거나 즉각적인 해결책을 제시하지 마세요.

 대신, 아이가 자신의 생각을 충분히 표현하도록 도와주세요. 그러면 자녀와의 대화가 점점 더 많은 느낌, 의견과 경험을 공유하면서, 상호 이해와 신뢰를 키우는 양방향 소통이 될 거예요.

3. 긍정적인 언어 사용

 말의 틀을 긍정적으로 구성하세요. "이러 이런걸 하지 마라"라고 말하기보다는 "이렇게 해보자"고 노력해 보세요. 긍정적인 언어는 협동정신과 자존감을 키워줍니다.

4. 경험 공유

 엄빠의 초등학교 시절 유사한 이야기를 공유하여 아이의 경험과 관련지어 보세요. 이렇게 하면 부모에게 다가가기가 쉬워지고 이해심이 많아 보일 수 있어요.

5. 아이의 감정을 확인하세요

 공감하기: 자녀의 감정을 인정하세요. "네가 화났다는 걸 이해해"와 같은 말은, 상대가 자신의 말을 잘 듣고 있고, 자신이 이

해 받는 다는 느낌을 가지는데 도움이 될 수 있어요.

6. 개방형 질문을 하세요.

"오늘 가장 즐거웠던 일은 뭐였니?"와 같이 예/아니요 대답 이 상의 질문을 해서 더 깊은 대화를 끌어내세요.

7. 특별한 시간을 따로 마련하세요

아이와 일대일로 이야기를 나눌 시간을 따로 떼어 놓으세요. 이 는 잠자리 독서시간 같은 일상일 수도 있고, 공원 산책과 같은 주 간 활동일 수도 있습니다. 정기적으로 아이의 하루에 대해 물어 보는 건 정말 중요해요.

8. 사례/예시 사용

더 공감하기 쉬운 의사소통: 이야기, 예, 가상 상황을 사용하여 교훈과 개념을 설명하세요. 이는 추상적 아이디어를 더욱 구체적 이고 이해하기 쉽게 만듭니다.

9. 문제 해결 장려

권한 부여: 아이가 직면한 문제에 대한 해결책을 생각하도록 격 려해 주세요. 스스로 결론에 도달하는 데 도움이 되는 안내 질문 을 하세요. "그래? 그러면 그 문제를 어떻게 해결하고 싶어?" – 이런 질문을 하는 엄빠는 많지 않은 것 같아요.

10. 좋은 의사소통 모델 되기

평소 사람들과 상호작용할 때, 효과적인 의사소통을 보여주세요. 존중하고, 적극적으로 경청하고, 명확하고 침착하게 자신을 표현하세요.

마지막으로, 아이가 직면할 수 있는 어려움을 헤쳐 나갈 수 있도록 엄빠가 늘 옆에 있다는 점을 강조하면서 무조건적인 사랑과 지원을 자녀에게 확신시켜 주세요.

5장 우리집을
영어학원으로 만들기

집에서 영어 노출하기로 마음먹으셨다면

아빠와 엄마가 이런 생각을 한 것만으로도, 이미 큰 일을 잘 해내신 게다!

엄빠는 아이의 영어 선생님이 아니다. 보통 엄빠는 영어전공자도 영어교육 전문가도 아니기 때문이다. 우리집을 영어 환경으로 만드는데 있어서 가장 중요한 것은 엄빠의 마음가짐이다. 부모의 영어실력이 아니다. 엄빠가 가르치는 것이 아니라, 꾸준한 영어 노출 환경을 만들어 준다고 생각하시라. 환경만 잘 갖춰지면, 아이는 집에서, 모국어를 익히듯 영어를 습득할 수 있다.

우리 집 아이가 지금까지 한국말을 어떻게 하게 되었는지에 답이 있다. 아이마다 다르겠지만 적어도 1년쯤은 한국말 한마디도 못하는 아이에게 온갖 단어를 말해주고, 말을 걸고 여러 이야기를 해준다. 그 시간동안 아이에게 아무것도 바라지 않는다. 그저 눈을 맞추고 아이를 만지며, 함께 있음을 느낄 뿐이다. 긴 기다림 끝에 아이가 "엄마", "아빠"라고 말했을 때 온 집안이 기쁨으로 가득차지 않았던가.

처음으로 아이가 엄마라고 했을 때까지의 시간을 회상해보시라. 엄빠표 영어도 "아빠"라고 말하길 기다리던 시간의 마음으로 진행되어야 한다. 급한 마음으로 가르치려 하면 안된다. 인내심을 가지고 기다리며 해주시길. 아직 너무 어린 아이에게 엄빠의 기대에 부응하지 못한다는 실망감을 느끼게 해선 안된다.

책을 좋아하게 도와주자

아이가 좋아하는 책을 골라주는 일은 쉽지 않다. 많은 부모들이 "우리 애는 사주는 책들을 거들떠 보지도 않아요", "쌓아둔 책을 만지지도 않아요", "우리 아이는 책을 싫어해요"라고 푸념한다. 아이들의 그런 반응에 덤덤해야 한다. 이럴 때는 아이와 같이 서점 아이용 책 매대에 가보기 등의 노력과 보드북, 플랩북, 사운드북, 토이북 등 다양한 책을 경험하게 하는 시도가 필요하다. 그 중에는 분명 아이들이 손을 뻗는 게 있을 게다.

더 중요한 것은 엄빠가 책을 읽어주는 것이다. 아이가 집중하지 못하고, 산만해도 나란히 앉아 쉬운 책을 하루에 다섯 권, 열 권 꾸준히 읽어 주면, 보통 아이들은 어느 순간 귀를 기울이고 옆에 바싹 붙어 앉는다. 아이가 좋아하는 책이 생기도록 도와주시라.

이 때부터는 아이가 좋아하는 책이 늘어날 수 있다.

사실 아이는 자기가 고른 책을 제일 좋아한다. 컨텐츠는 모르지만 표지 그림이 예뻐서, 색깔이 마음에 들어서, 등의 이유로 책을 고르기 시작한다. 결정적인 순간이다.

알라딘 중고서점처럼 영어 원서가 많은 서점, 지역 도서관과 지역 서점의 아이용 영어책이 진열된 곳에 정기적으로 함께 가보자.

마지막으로, 엄빠가 책 읽는 모습을 자주 보임으로써 독서에 대한 열정을 드러내고, 즐겁고 보람 있는 활동임을 보여줌으로써 좋은 독서 롤모델이 되주시라.

우리 집 영어 도서관 만들기

아이가 좋아하는 캐릭터와 그림책이 늘어나서 집 여기 저기에 널려 있으면 이제 집이 편안한 영어도서관이다. 도서관에는 종류별로 많은 책들이 구비되어 있다. 세상 지식의 보물창고라 할 수 있다. 아이들이 보는 책이라고 동화책을 수준 낮은 책이라 여기면 안된다. 인간이 배워야 하는 기본 지식이 동화책 안에 다 들어 있다. 영어학습을 위한 기본 지식도. 기본 지식 뿐만 아니라 아이의 감수성도 풍부하게 해준다. 성인이 보아도 재미있고 감동적인 책 정말 많다.

외국어 학습을 위해 책은 필수 도구다. 한국 엄빠들이 아이와 함께 미국 도서관에 직접 가는 것은 아주 어렵지만 거기 있는 똑 같은 책을 사거나 빌려서 보는 것은 가능하다. 집안에 아이 눈에 잘 띄는 곳마다 동화책이 있다면 영어학습을 위한 최고의 환경이 조성된 것.

영어동화책은 우리나라 동화책과는 다르게 대부분 페이퍼북이다. 세로로 책꽂이에 꽂으면 보고 싶은 책을 찾기가 어렵다. 그러므로 아이들 책은 표지가 잘 보이는 전면책장에 놓으시길 권한다. 작가별, 레벨별 등 집마다 아이와 엄빠가 선호하는 기준에 따라서, 아이가 보고 싶은 책을 쉽게 찾을 수 있게 놔 두자.

저렴하게 책을 구하는 방법은 많다. 북메카, 동방북스는 온오프라인에서 수시로 할인판매를 한다. 웬디북도 가끔 온라인 행사를 한다. 게다가 B급 중고도서는 도서 판매 웹사이트에서 항상 할인가에 살 수 있다. 중고거래 앱에서도 어린이 도서 거래가 많이 이뤄진다. 예산을 아끼는데 유용하다. (169페이지 중고서점의 장점들 참고)

집에서 어떤 영상을 틀어줄까?

우리나라는 영어가 일상언어가 아니므로 영어노출을 위해 책만으로는 충분하지 않다. 영상노출도 필수다. 영어소리를 듣는 것이 우선되어야 하기에. 어떤 언어건 리스닝이 먼저다.

영어 듣기 환경조성을 위해 어떤 영상을 보게 해줄까? 유해한 영상을 보지 않게 해주는 것은 엄빠의 의무다. 엄빠의 제일 중요한 일들 중 하나는, 아이에게 잘 맞는 영상을 찾아 주는 것이다. 아이들에게 보여줄 영상을 꼭 미리 한 번 보시라. 폭력적이거나 자극적인 장면이 나오는 영상은 차단해야 한다. 아이들은 영상을 따라할 테니까. 처음엔 그림도 예쁘고 노래도 좋다고 정평이 난 코코멜론이나 슈퍼심플송 등을 권한다. 그 외에 부록에서 추천한 채널의 영상들을 틀어 주시라. 아이가 좋아해서 보고 또 보려 하는 영상들이 분명 있을 게다.

최대한 영상을 같이 보는 게 중요하다. 옆에 나란히 앉아서 어깨도 토닥여 주며, 같이 웃고, 질문도 해가며, 박수도 치면서, 함께 보시라. 그러면 아이는 더 편안한 상태에서 영상 콘텐츠를 자연스럽게 습득할 것이다. 마지막으로 영상을 폰 보다는 TV화면으로 보게 해 주시라. 큰 화면으로 보면 영상에서 빠져 나오는데 도움이 된다. 정해진 시간보다 많이 계속 보게 해달라고 떼쓰는 일이 (폰화면으로 보여줄 때 보다) 적어질 것이다.

엄빠의 잘 기다리고 여유로운 마음가짐과 쉬운 영어그림책, 그리고 아이가 좋아하는 영어 영상 이 세가지가 있으면, 우리집은 평수와 관계없이 아이를 영어천재로 키울 자연스럽고 이상적인 환경이 될 수 있다.

유아기에 집에서 영어노출 하기가
쉬운 이유

유아들은 집에서 엄빠와 보내는 시간이 많다. 세상 제일 편한 곳에서, 엄빠와 가장 친밀한 상태에서 영어에 노출될 수 있는 때인 것이다. 또한 언어를 가장 효율적으로 습득하는 시기(인간의 고유능력인 '언어 습득 장치' 가 최대치로 활성화된 때)이기도 하다. 아이들의 두뇌는 매우 유연하고 언어를 포함한 새로운 기술을 습득하는 데 능숙하기 때문에, 어린 시절에 외국어를 배우는 것이 더 쉽다. 새로운 소리와 발음을 정확하게 흉내낼 수 있는 능력이 더 뛰어나며, 이는 언어 습득에 매우 중요하다.

영어의 필요성에 대해 설명해 줄 필요도 없이, 아이들이 자연스럽게 영어 그림책 읽기와 영어노래, 영상 등을 좋아하게 될 수 있는 적기이다. 노래와 재밌어 하는 영상을 통해 새 언어에 노출되면 새로운 어휘와 표현을 자연스럽게 흡수하는 데 도움이 된다. 이런 식으로 익숙해진 간단한 영어 단어를 아이가 입에 담으면, 진심으로 칭찬해 주시라. 입학 전 아이의 자존감이 다이아몬드처럼 단단해질 것이다.

집에서 활용할 수 있는 재미있고 쉬운 영어노출 자료가 널려 있다. 영어 그림책, 영어 애니메이션, 영어 동요 등. 이런 걸 마다할 아이는 많지 않다. 유아기에 하는 영어 영상 노출과 그림책 읽어 주기는 초등학교 입학 후 교실에서 교재로 영어를 배우는 것 보다 더 재미있고 효과적이다. 일단 초등학생이 되면 학교에서 내주는 숙제도 있어서 유아기처럼 마음이 여유롭지 못하다. 생애에서 가장 느긋한 시기에 엄빠가 조성해 주는 환경에서, 영어노출을 몇 년간 하면 학원비가 절약될 뿐만 아니라 부모와 아이가 크게 스트레스 받을 일도 없다.

비용이 많이 드는 영어과외 선생님을 붙여 주지 않더라도 영어 그림책과 영상, 노래에 꾸준히 노출시켜 주면 아이는 영어를 잘할 수 있다. 덤으로 책 읽는 습관도 있고, 음악과 영화 감상을 즐기는 성인으로 성장할 것이다. 단기간에 아이의 영어실력이 느는 것을 확인하지 못하더라도 기다려 주시길. 더도 말고 덜도 말고 딱 2~3년. 그러면 아이가 영어 노래나 영상을 보며 따라 하거나 (아이는 재밌는 영상을 보면 시키지 않아도 따라한다), 자발적으로 영어 그림책을 읽는 모습을 보고 놀라게 될 것이다. 이쯤 되면 아이는 영어를 편안하게 습득하기 시작한 셈이다. 엄빠의 배려로 집에 영어환경이 조성되었으니, 이제부터는 더 자주 아이를 칭찬해 주면 된다.

흘려듣기 하는 법

우리 집을 영어학원으로 만드는 방법 중 하나가 흘려듣기다. 흘려듣기는 반복해서 본 영어 애니메이션이나 노래 영상 또는 읽어주었던 영어 그림책 음원을 화면 없이 소리만 듣게 하는 것이다. 아무 영어음원이 아니라 여러 번 접해봐서 익숙해진 내용이어야 한다.(아이가 아는 내용이어야 효과가 있다) 영어 콘텐츠를 자기 것으로 다지는 시간이라 볼 수 있다. 이 시간을 통해 영어를 듣는 귀가 열리는 것이다.

아이가 재미있게 반복해서 본 동요, 애니메이션 영상이나 그림책 소리만 들려주시라. 쉽고 단순한 것부터 내용이 좀 긴 것 순서로. 아이가 좋아하는 유튜브 영상의 음원을 다운받아서 음원만 들려주는 것도 좋다. 그러면 아이는 흥미를 느꼈던 순간을 떠

올리며, 흘러나오는 영어소리를 의미와 함께 습득한다. 영상물을 보고 난 다음에 음원만 들어 본다거나, 대본을 읽어보는 것은 정말 강추하는 독후활동이다.

집집마다 엄빠와 아이의 일과가 다를 것이므로 각 가정의 상황에 맞게 아이를 위한 흘려듣기 시간을 만들어 보시라. 아이가 양치질하고 세수할 때처럼 음원만 듣게 해 줄 수 있는 시간이 있을 것이다. 집안에서 하기 어렵다면 달리 할 일이 없는 이동중인 차 안에서 하는 것도 좋다. 처음에는 하루 20~30분 정도로 시작해서 차츰 늘려가면 된다.

디즈니 OST

디즈니가 많은 자원을 투입해서, 탁월한 작곡가와 뛰어난 가수들이 참여하여 제작한 OST는 아이들 영어노출에도 딱이다. 특히 노래를 좋아하는 아이들에게는. 겨울왕국의 Let it go, Do you want to build a snowman 등을 보여주면 아이들은 예쁜 엘사, 귀여운 올라프에게 순식간에 빠진다. 장면과 가사가 일치해서 더 좋은 짧은 노래들을 여러 번 보고 들으며 따라 부른다. 매일 틀어달라고 보채는 아이들도 많을 게다. 알라딘이나 인어공주처럼 한글로 번역된 동화를 먼저 보여주고, 해당 디즈니 영어 OST를 들려줘도 좋다. 이런 음원은 집뿐만 아니라 차에서도 아이가 원할 때 틀어주면 된다. 아이는 따로 발음지도를 해주지 않아도 원어민 가수의 발음을 따라 한다.

OST 흘려듣기도 강추한다. 멜로디가 멋져서, 게다가 매력적인 목소리의 가수들이 부른 거라 질리기 힘들 것. 처음에는 엄빠가 이런 영상들도 함께 봐주시라. 가사는 아이가 (궁금해하는 경우에) 궁금해하는 부분만 해석해 주시라. 영상을 반복해서 본 후에 화면 없이 소리만 흘려듣기 하는 것은 매우 효과적인 언어습득 방법이다. 영어와 상관없이 아이가 노래를 듣고 따라하는 것은 훗날 정신건강에도 매우 긍정적인 효과가 있을 것이다. 하루 일정시간(미리 정해둔 한 시간 등) 영상시청을 한 후에는, 영상을 끄고 흘려듣기를 하는 것도 효과적인 루틴이 될 수 있다.

아이와 함께 감상하기 좋은 디즈니 OST 리스트

겨울왕국
Let it go
Do you want to build a snowman?
For the Þrst time in forever
Reindeer(s) Are Better Than People
Love is an open door
Fixer upper
In summer

겨울왕국2
All is found
Somethings never change
The next right thing
Into the unknown
Show yourself
Lost in the woods

라이온 킹
Circle of Life
하쿠나 마타타
Can you feel the love tonight?

라푼젤
When will my life begin
I see the light

알라딘
The whole new world

You're welcome
We know the way

주토피아
Try everything

인어공주
Part of your world
Under the sea

니모를 찾아서
First day
Beyond the sea

메리다와 마법의 숲
Touch the sky
Into the open air
Noble maiden fair

Coco
Remember me
Un Poco Loco
라따뚜이(Ratatouille)
Le Festin
Colette Shows Him Le Ropes

미녀와 야수
Beauty and the beast
Belle
Something there

Friend like me
Prince Ali

모아나 moana
How far I'll go

EBS English 활용하기

(홈페이지: www.ebse.co.kr)

EBS English 컨텐츠는 입학 전 아동부터 어른까지, 영어교육을 위해 우수한 영어전문가와 강사들이 함께 뇌즙을 짜내며 만든다. 재미있고 유익한 영어학습 자료를 싹 다 무료로 활용할 수 있다. EBS English는 2007년 방송을 시작한 이래, 전 국민 영어학습에 꾸준히 활용되어 왔다. 수준별, 영역별 개인 맞춤형 학습 영어 콘텐츠가 제공된다.(홈페이지에서 레벨테스트도 받을 수 있다.)

공교육 커리큘럼 보완과 사교육비 줄이기가 기획의도에 포함되기 때문에, 우리집 영어학원 만들기에 꼭 활용하시길 바란다. TV 방송시간은 오전 6시부터 밤 12시까지 하루 18시간이다. 회원가입 하면 홈페이지와 앱에서 '온에어'와 '다시 보기'로 언제 어디서나 시청 가능하다.

 TV로 볼 때는 EBS2TV를 보면 되고, PC나 스마트 패드로 보려면 www.ebse.co.kr를 방문해서, 휴대폰으로 볼 때는 앱스토어에서 EBSe앱을 다운받아 보면 된다. TV, PC, 스마트 기기를 통해 언제 어디서나 시청할 수 있다는 건 큰 장점이다. 미취학 아동용뿐만 아니라, 초등학교 3학년에서 6학년의 교과과정을 기반으로 한 컨텐츠도 좋은 게 정말 많다. 홈페이지에서 '전체보기'를 눌러서, 먼저 전체적인 제공 내용을 살펴보시라. '자기주도학습', '펀리딩', '학습자료실' 등 알짜배기 컨텐츠가 즐비하다.

우리 아이에게 맞는 프로그램 찾는 법

 EBS English에서는 아이 수준과 취향에 맞는 프로그램을 찾는게 어렵지 않다. 문법, 교과서 영어 등 특정 영역에서 필요한 영상을 찾아보기 쉽다. 홈페이지 하단에 있는 '콘텐츠맵'을 누르면 된다. 초급, 중급, 고급 등 수준별로, 그리고 어휘, 듣기, 읽기, 말하기, 쓰기, 문법 등 영역별로 분류가 잘 되어 있다. 지나간 방송은 다운로드와 다시 보기도 가능하다. 마이페이지안의 '매칭 학습 관리'에 아이를 학습자로 등록하면 학습 내역도 확인 가능하다. 관심 분야와 상관없이 미취학 아동들과 초등학교 저학년 아이들에게 '영어 동요 Pop! Pop!', 'Song! Song! 리틀송'

'쇼미더컬러', 'Jesse의 플레이 키친', '곰디와 친구들(영어 더빙)' 방송프로그램을 추천한다.

영어 스토리 타임

어린이 학습자들이 재미있게 읽는 스토리들로 독서의 습관을 배양하고, 국내 초등학교 교육과정의 주제와 관련된 이야기들을 그 배경지식과 함께 알려줘서, 종합적 영어능력 향상을 돕는 '수준별 원서읽기' 프로그램이다.(영국 콜린스 출판사의 베스트 셀링 리더스 시리즈) EBS English 홈페이지에서 '영어 스토리 타임'으로 검색하면 나오는 방송프로그램인데 교재도 있고, 당연히 방송도 볼 수 있다. 프로그램 소개 아래에 있는 '교재 소개 및 활용법' 게시판에서 상세한 수준별 활용법을 알 수 있다. 영상을 최신순, 인기순으로 검색하여 다시보기도 할 수 있다.

펀리딩

EBS English가 제공하는 온라인 독서 프로그램이다. 장르별(만화, 시리즈, 소설, 비소설, 파닉스 등), 레벨별로 500여 권의 영어 책을 전자책 형태로 제공한다. 페이지별로 음원 파일도 다운받을 수 있고, 음원도 들을 수 있다. 펀리딩 하위메뉴 워크북 자료실도 매우 쓸모가 있다. EBSe앱에서 책 표지 앞에 'learning' 아이콘이 있는 경우엔, 단어/스펠링, 문장 순서 맞추기, 빈칸 채우기 등의 퀴즈 문제를 풀 수도 있다. TV채널에서 펀리딩과 관련된 프로그램도 내보낸다. EBSe 앱에서 프로그램 페이지로 가면 방송과 책이 함께 나온다.

AI 펭톡

EBS가 만든 인기캐릭터 펭수가 주인공이다. AI 펭톡은 AI기술을 이용해 말하기 연습을 돕는 프로그램이다. 콘텐츠가 초등학교 커리큘럼과 연계되어 있다. 아이 목소리를 녹음하여 억양과 발음을 원어민과 비교할 수 있고, 피드백도 받을 수 있다. 펭수와 대화하는 게임형태라서 지루하지 않다. 한 STAGE를 끝낼 때 마다, 상으로 포인트 같은 '참치캔'을 준다. 참치캔은 펭수꾸미기 아이템 구입시 사용할 수 있다.

아이 스스로 말하기 연습을 하고 싶다는 의사표시를 한다면, 엄빠의 지도하에 이용하게 보시라. 기기조작은 엄빠가 해주시고, 폰 보다는 PC등 큰 화면으로 보게 하시길.

엄빠표 영어에 유용한 물건들

  엄빠도 힘들고 쉬고 싶은 날이 있다. 아래는 그런 날 엄빠의 수고를 덜어줄 수 있는 유용한 물건들이다.

1) TV: KT, SKT, LG 등 주요 통신사는 무료 어린이 영어 프로그램 채널을 많이 제공한다. 유료 프로그램도 있지만 무료만 봐도 충분하다. 이 채널들은 레벨이 구분되어 있어서 초보 엄빠들도 쉽게 골라 보여줄 수 있다. 한 가지 주의사항은 리모컨 조작 주도권을 아이에게 주지 마시라는 것이다. 아이는 절제나 조절이 잘 안되기 때문이다.

2) 스마트펜: 세이펜, 마마펜, 씽씽펜 등 다양한 게 나와있다. (특수잉크로 인쇄된) 책의 일정 부분을 펜으로 찍으면 펜에 미리 입

력된 음원이 재생된다. 대표적인게 세이펜이다. 아이들은 세이펜으로 영어동화책 등의 원하는 부분을 누르면 소리가 나오니까 혼자서도 잘 논다.

세이펜이 적용된 도서를 이용하는 법은 아래와 같다.

▶세이펜 홈페이지에서 회원가입을 하고 구매한 세이펜 기기를 등록

▶홈페이지에서 음원과 핀파일 매니저 다운로드

▶세이펜과 PC를 연결하고 핀파일 매니저에 접속

▶책을 검색해서 음원 다운로드후 이용

3) 오디오렉 스티커(네*버 등에서 쉽게 구매 가능)

오디오렉 스티커는 세이펜이 되지 않는 책을 세이펜으로 이용할 수 있도록 바꿔주는 스티커다. 책, 세이펜, 오디오렉 스티커, 들려주고 싶은 음원만 있으면 이용 준비완료다.

이용방법:

▶세이펜과 PC를 연결하고 핀파일 매니저에서 세이펜 북스-오디오렉 스티커를 다운로드

▶세이펜이 지원되지 않는 책의 음원을 준비

▶준비된 음원의 파일명을 오디오렉 스티커의 번호로 변경
예) Audio01

▶PC-세이펜-AUDIO 폴더로 파일명을 변경한 음원을 이동

▶필요한 책에 스티커 붙이기

책을 읽으려면, 오디오렉 스티커와 함께 들어 있는 북코드를 먼저 읽고, 필요한 음원의 스티커를 읽으면 됨.

4) 태블릿PC와 무선헤드셋: 집안에서 장소를 옮겨가며 영상을 보거나, 집 밖에서 흘려듣기 또는 영상을 볼 때 유용하다. 조용해야 하는 장소에서는 무선헤드셋을 쓰면 된다. 요즘엔 음량이 제한되어, 아이들 귀를 보호해 주는 어린이용 무선헤드셋도 있다.

5) 전면 책장: 서점 진열용 책장처럼 책 표지가 잘 보이게 하는 책장: 여기에 아이의 관심을 끄는 책들을 놓아 두시라. 책들을 정기적으로 바꿔주면 더 좋다. 아이 눈에 잘 보이는 곳에 전면책장을 놔두시길.

챗지피티 활용하기

야구는 투수놀음이고 챗지피티는 '명령어 넣기' 나름이다. 한 두 번만 원하는 답을 얻으면 왜 출시 두 달여만에 월사용자 수가 1억명을 넘었는지 알게 되실 게다. 작곡하기, 시/소설, 논문 쓰기 등 별 걸 다 한다. 뭐든 물어보자. 예를 들면, "몇 살쯤부터 영상을 보게 해 줄까요?", "책을 재미있게 읽어 주는 방법을 알려줘" 등등. 우선 아래에 쉽게 활용할 수 있는 몇 가지 예를 소개한다.

1. '아이를 위한 책과 영상 등을 찾을 때'

매우 요긴하게 쓸 수 있다. 예를 들어 "5살 아이에게 추천할만한 영어 그림책 20권을 알려주세요", 조금 더 구체적으로 명령어를 바꿔서, "동물을 좋아하는 7세 남자아이가 즐겨 볼만한 유튜브 채널 10개를 알려주세요." 이런 식으로 물으면 마음에 드는 리스트를 10여초 만에 주욱 보여 준다.(왠지 반말 '알려줘'라고 질문하는 것 보다, 존댓말 '알려주세요'라고 물으면, 더 좋은 데이터를 줄 것만 같다) 영어로 질문할 때 답변의 질이 더 좋을 걸로 생각되지만, 저자가 그 동안 이용한 경험에 비추어 보면, 문법 오류가 없는 명확한 한국어 질문을 입력하면, 챗지피티가 정리해서 보여주는 결과물은 무척 만족스러웠다.

2. 아이의 회화 연습용으로

챗지피티의 특징은 확장성이다. 즉, 확장 프로그램과 플러그인을 설치하면 계속 기능이 늘어난다는 말이다. 확장 프로그램과 플러그인이 지속적으로 추가되고 있다. 한 예로, 크롬 웹브라우저에서 "Talk-to-ChatGPT"를 검색해서 설치하면, 화면 우측 상단에 Talk-to-ChatGPT 박스가 나타난다. 이 기능을 활용하면, 영어를 마이크에 대고 말하면, 자동으로 텍스트로 바뀌어 입력된다. 그리고 챗지피티가 답을 글로 하면, 음성으로 바뀌어 스피커에서 들린다.(이렇게 할 때는 자연스러운 발음을 듣기 위해, 설정에서 'AI voice and language'를 영어권 국가로 해주시라) 아이들은 보통 Talk-to-ChatGPT 기능을 어른보다 신기해 한다. 그래서 '스피킹 연습 상대'로 기꺼이 이용하려 할 것이다.

3. 아이의 영작문 교정

챗지피티 활용성 강화 팁도 계속 추가되고 있다. 그 중 하나가 챗지피티의 역할(Act as OOO) 설정이다. 그냥, 하고 싶은 질문 뒤에 Act as an English teacher같은 명령어를 추가하면 된다. 명령어가 구체적일수록 좋다는 것은 이미 아실 게다. 만약 AR 지수가 3.6인 아이의 영작문을 교정 받고 싶을 때는 "AR 지수가 3.6인 이 아이의 다음 작문을 교정해 줘. 영어선생님처럼 해줘" 이런 식으로. 번역하면 "Correct this child's next essay with an AR score of 3.6. Act like an English teacher." 정도 되겠다. 여기서 Correct는 revise, proofread등으로 바꾸면 조금 다른 결과물이 나온다. 구글 번역에 결과물을 넣고 한국말로 바꿔도 되고, 챗지피티 버전이나 크롬 확장프로그램설치로 인해 자동으로 한국말로 번역되는 것을 보는 분도 있을 게다.

엄빠가 챗지피티를 이용하는 것을 아이에게 보여 주면 아이도 써 보고 싶어할 것이다. 챗지피티는 이렇게 아이 영어 교육에도 유용하게 활용될 수 있고, 챗지피티 등의 생성형 AI기술을 많이 이용하며 살아갈 아이에게 그런 기술을 처음으로 맛보게 해줄 수도 있는 고마운 도구다.

이미 오프라인 서점과 웹사이트, 유튜브 등 온라인에 챗지피티 이용 관련 자료가 많이 나와 있다. 그 중에 저자가 접해본 자료 중에서는 [통합편: 일상 활용 • 업무 활용, 챗GPT 활용 사례 및 활용 팁]이 가장 많은 도움이 되었다.(서울디지털재단 발행) 포털에서 검색해도, 이 자료 PDF파일을 내려 받을 수 있다. 일상활용 사례(육아 관련 상담, 음식·요리 검색, 건강 상담, 법률 자문, 심리 상담, 학업, 직업 등 진로 상담, 음악 작업 활용, 그림·이미지 활용, 교육 지도 가이드, 주요 교과목 학습보조 도구 등)와 업무활용 사례(보고서 작성용 참고자료 조사, 사업기획시 아이디어 도출, 글쓰기, 보도자료, 번역 및 교정, 엑셀 업무 활용, 프로그래밍(업무자동화) 등)가 잘 정리되어 있다. 챗지피티 모바일에서 사용하기, 챗지피티 크롬 확장프로그램 설치, 챗지피티의 역할(Act as OOO) 설정 등을 포함하는 챗지피티 활용성 강화 팁도 진짜 알짜정보다.

부록

추천 유튜브 채널

순서

1. 미취학 아동용

Cocomelon 구독자 1억 7천 5백만명, 영상 수 1.1천개

부모가 함께 시청하면서 자녀를 가르치며, 함께 놀 수 있는 영상을 만든다. 아이들이 거부하기 힘든 재미있고 교육적인 콘텐츠가 많다. 3D 애니메이션 영상과 노래가 눈과 귀를 즐겁게 한다. 어린 아이들의 일상 경험에 관한 컨텐츠가 주를 이룬다. 미취학 아동이 문자, 숫자, 동물 소리, 색상 등을 배울 수 있도록 돕는다.

Like Nastya 구독자 1.17억명, 영상 수 887개

미국인 소녀 Nastya가 출연하는 인기 채널로, Nastya와 그녀의 엄빠가 놀고, 배우고, 노래하고, 탐험하고, 삶의 경험을 공유하는 곳이다. 전 세계 많은 어린이와 가족이 이 채널의 영상을 보며, 숫자, 자연, 색상, 모양, 동물, 건강한 음식 섭취의 중요성, 손 씻기, 좋은 친구가 되는 것 등에 대해 배운다. 브이로그, 교육 콘텐츠, 언박싱, 모험 스토리 등 다채로운 영상을 볼 수 있다.

ChuChu TV Nursery Rhymes & Kids Songs
구독자 9170만명, 영상 수 804개

ChuChu TV의 유아 학습 비디오는 다채로운 애니메이션이 특징이며, 재미있는 동요와 교육적인 노래로 아이들을 사로잡도록 설계되었다. 이 채널은 전 세계 어린이를 위해 문화적으로 관련성 있는 콘텐츠를 만들기 위해, 유아 교육 전문가, 작가, 아티스트, 애니메이터, 음악가가 포함된 글로벌 크리에이티브 팀을 보유하고 있다. 아이들이 쉽게 학습할 수 있도록 돕는데 초점을 맞춘다.

Baby Shark - Pinkfong! Kids' Songs & Stories
구독자 7590만명, 영상 수 3.2천개

어린이 교육 전문가가 만든 아이들이 좋아하는 노래와 스토리를 선보이는 채널. 동요, 교육용 노래, 어린이를 위한 흥미로운 이야기 등 다양한 애니메이션이 포함되어 있다. 그 유명한 '아기 상어' 노래로 잘 알려진 이 채널은 귀가 즐거운 음악과 산뜻한 영상을 결합하여 아이들을 즐거운 방식으로 교육한다. 컨텐츠는 아이들이 숫자, 색깔, 동물 이름 등의 기본 개념을 상호작용적인 방식으로 배울 수 있도록 고안된다.

Masha and the bear 구독자 4790만명, 영상 수 1.4천개

Animaccord사에서 제작한 마샤와 곰 애니메이션 시리즈는 장난꾸러기 어린 소녀 마샤와 그녀의 다정한 친구인 곰의 모험을 따라간다. 이들의 우정은 어린이가 주변 세계를 탐험하는 방식을 은유적으로 묘사한다. 이 만화는 진정한 우정, 보살핌, 협력, 창의성 발휘와 같이 삶에서 중요한 것들에 대해 그린다. 가족들이 같이 보기에도 좋음.

Super Simple Songs 구독자 4180만명, 영상 수 787개

인기 영상은 조회수가 수십억회이다. 1세에서 8세 사이의 어린이에게 적합한 동요, 애니메이션 영상으로 구성됨. 각각의 영상은 어린이 시청자의 관심을 끌고 색상, 숫자 세기, 동물 등과 같은 새로운 개념을 즐겁게 학습할 수 있도록 제작되었다. 이 채널에는 상어 피니, 범블넘버, Caitie 교실의 Caitie, 로터리 등 다양하고 재미있는 캐릭터가 등장한다.

Little Baby Bum - Nursery Rhymes & Kids Songs
구독자 4100만명, 영상 수 2.6천개

사랑스러운 캐릭터- Mia, Twinkle the Star, Baby Max의 음악적 모험을 보여준다. 목욕 시간, 옷 입기, 숨바꼭질과 같은 일상의 순간이 새롭고 독창적인 동요로 더욱 즐거워진다. Little Baby Bum은 사랑스러운 캐릭터, 공감할 수 있는 이야기, 중독성 있는 멜로디와, 리듬, 운율의 마법을 통해 유아기 경험들을 행복하게 만들고, 인지 발달을 지원하는 애니메이션 뮤지컬 쇼다.

Genevieve's Playhouse - Learning Videos for Kids
구독자 4060만명, 영상 수 637개

장난감 기반 학습을 사용하여 어린이와 유아를 위한 교육 영상을 제작하는 채널이다. Genevieve가 Paw Patrol과 Peppa Pig의 캐릭터와 함께 노는 것을 보며 아이들은 숫자 세기, 기본 단어 등을 익힌다. 영상의 형식은 브이로그, 애니메이션, 실험 등이다. 안전한 교육 콘텐츠를 제공하는 어린이 친화적인 채널.

BabyBus - Kids Songs and Cartoons
구독자 3620만명, 영상 수 2.4천개

2~6세 어린이에게 풍부한 상상력을 길러주는 학습 영상들을 제공한다. 키키, 미우미우와 그 친구들이, 아이들이 친구 사귐, 창의력, 상상력 등을 경험할 수 있는 신선한 스토리를 만들어 낸다. 색상, 글자, 좋은 습관, 안전 요령 등을 배울 수 있다. 키키와 미우미우에게는 모든 것이 생물이다. 동물과 대화할 수 있고, 차와도 친구가 된다. 모든 활동을 즐길 수 있고, 어디든 갈 수 있다.

Peppa Pig - Official Channel
구독자 3510만명, 영상 수 6.3천개

 영국에서 만들어져 세계 여러 나라에서 사랑받고 있는 유아 애니메이션. 아이들은 금방 페파를 자기 친구라고 생각한다. 페파는 엄마, 아빠, 남동생 조지와 함께 산다. 페파의 모험은 재미있고, 때로는 눈물을 흘리기도 하지만 항상 행복하게 끝난다. 페파 피그는 인기만큼이나 관련 상품이 많다. 구매 가능한 DVD, 그림책, 리더스북, 장남감 등이 참 다양하다.

Little Angel: Nursery Rhymes & Kids Songs
구독자 3200만명, 영상 수 1.5천개

 프리미엄 3D 영상 제작에 중점을 두며, 교육 전문가 팀이 고전 동요를 지속적으로 재구성하고, 미취학 아동에 초점을 맞춘 독창적인 이야기를 개발한다. 영어 포함 15개 언어로 제공되는 Little Angel은 전 세계의 유아가 재미있고 즐거운 방식으로 문자, 숫자, 색상, 모양과 같은 기본 개념과 예의 및 건강한 습관을 배우는 데 도움을 주는 것을 목표로 한다.

Kids TV - Nursery Rhymes And Baby Songs
구독자 2970만명, 영상 수 4천개

 3D 애니메이션 비디오로 제작된 동요를 통해 언어를 즐겁게 학습할 수 있는 채널이다. 아이들은 "Baby Shark", "Twinkle Twinkle Little Star", "ABC Song", "Colors Song" 등과 같은 인기곡을 접하며 지루하지 않게 언어를 습득한다. 반복해서 보며 따라하고 춤추는 아이들도 많을 것이다.

Sesame Street 구독자 2380만명, 영상 수 3.7천개

아이들이 좋아하는 여러 털북숭이 캐릭터가 등장한다. 아이들이 배워야 할 것들을 재미있게 가르친다. 제작된 지 50년이 넘었지만, 여전히 인기있는 가족친화적 컨텐츠들이 제공된다. Sesame Street는 역사상 가장 많이 시청한 어린이 프로그램중 하나. 영상들의 누적 조회수가 230억회가 넘는다.

Blippi - Educational Videos for Kids
구독자 1990만명, 영상 수 924개

주인공은 아이들에게 친근한 느낌을 주는 활기찬 Blippi. Blippi는 어린이 박물관, 동물원과 같은 흥미로운 장소를 방문하는 것을 좋아한다. 그가 노래하고, 춤추고, 놀고, 탐험하는 것을 보여준다. 영상들은 색감, 숫자, 동물, 운송수단, 동물, 자연 등 다양한 주제를 다루며, 어린이들의 호기심을 자극하고 학습을 촉진한다. 아이들의 세상에 대한 이해를 돕고 어휘력 발달을 장려한다. Blippi는 애니메이션과 실제 촬영 영상을 통해 어린이들에게 즐거운 시청 경험을 제공한다. 그의 활기차고 개구쟁이 같은 행동도 볼거리다. 어린 시청자들의 성장과 발전에 도움이 되는 여러 방면에 대한 지식을 공유한다.

Mother Goose Club Playhouse
구독자 1780만명, 영상 수 1.5천개

매력적이고 다양한 출연진이 선보이는 동요와 노래, 놀이를 볼 수 있다. 역시 매주 새로운 영상이 공개된다.

Dave and Ava - Nursery Rhymes and Baby Songs
구독자 1560만명, 영상 수 982개

각각의 에피소드에는 강아지 옷을 입은 소년 Dave, 새끼 고양이 옷을 입은 소녀 Ava와 친구들(양 마틸다, 새끼 고양이 오스카, 별 스텔라, 귀여운 쥐 필립, 거미 잇시, 펠릭스 맥도날드)이 등장한다. 또 강아지 빙고, 고양이 이지 등도 있다. 시청하는 어린이들은 동요를 들으며 ABC, 숫자, 모양, 색상 등을 자연스럽게 알게 된다. 대번에 아이들은 Dave와 Ava를 좋아하게 될 것이다.

Morphle TV 구독자 1090만명, 영상 수 1.6천개

어린이 엔터테인먼트 콘텐츠를 제작/유통하는 Moonbug Entertainment가 운영하는 채널. Mila와 그녀의 변신 애완동물 Morphle의 모험을 담은 영상 등을 올린다. 귀여운 장난을 치는 반려동물들도 등장한다. Morphle은 Mila가 원하는 무엇으로든 변신할 수 있는 마법 애완동물. Mila, Morphle과 친구들은 팀워크, 창의성, 상상력을 활용하여 위기상황을 탈출한다.

Tayo the little bus 구독자 1070만명, 영상 수 3.1천개

작은 버스 타요가 주인공. 서로 다른 자동차들이 조화롭게 살아가는 대도시를 배경으로 펼쳐지는 신나는 모험을 그린다. 바쁜 도심 속에서 이제 막 자신의 길을 배우기 시작한 타요는 여행을 통해 새로운 친구들을 사귀고 있다. 아이들의 상상력을 사로잡는 독특한 캐릭터와, 재미있는 스토리라인으로 가득한 이 시리즈는 친구사이의 협력과 우정, 안전에 대한 중요성 등 여러 교훈을 전달한다. 신나는 음악도 듣기에 즐겁다.

Baby Big Mouth Kids - Sing, Dance, Explore
구독자 1010만명, 영상 수 40개

메인 캐릭터인 Baby Big Mouth와 다른 귀여운 캐릭터들이 노래한다. 부모들도 지루하지 않게 듣고 볼 수 있음. 2세 이상 어린이용. 음악가와 전직 교사로 구성된 크리에이터팀이 아이들이 재미있게 볼 수 있는 교육적인 영상들을 올린다.

Mother Goose Club 구독자 935만명, 영상 수 1.5천개

미취학 아동들, 부모, 교사들은 고전 동요들과 다채로운 영상을 통해 유치원 놀이를 소개하는 Mother Goose Club의 여섯 캐릭터를 좋아한다. 함께 보며 춤추고, 박수치고, 노래할 수 있다. 어린이를 위한 좋은 동요 동영상이 많다. 매주 새로운 영상이 공개된다.

PAW Patrol Official & Friends
구독자 864만명, 영상 수 2.6천개

유명한 어린이 애니메이션 시리즈인 "PAW Patrol"의 공식 유튜브 채널. PAW Patrol과 친구들이 악당으로부터 Adventure Bay를 지키고, 사람과 동물을 구해낸다. 각 영상은 주인공들이 팀워크를 발휘하고 용기를 내어 문제를 해결하는 모습을 보여준다. 다채로운 애니메이션을 즐겁게 시청하면서, 교육적인 가치를 습득할 수 있다. 아이들이 흥미진진한 모험을 통해 소통과 협력의 중요성을 배우도록 돕는다. 장난감 놀이 영상과 언박싱 영상도 있다.

Number blocks 구독자 806만명, 영상 수 1.8천개

수 세는 것부터 기초 수학개념까지 가르쳐주는 영국의 TV프로그램이다. 유아에게 효과적으로 수를 가르친다. 영어로 수학을 배우지만 신기하게도 공부같이 느껴지지 않는다. 채널홈의 재생목록을 보면 시즌별로 잘 정리되어 있다.

Art for Kids Hub 구독자 814만명, 영상 수 2.7천개

그림 그리기 같은 모든 종류의 미술 수업은 물론이고, 아주 멋진 종이접기까지 배울 수 있다. 초보자와 약간의 경험을 가진 사람들이 즐길 수 있는 영상이 많다. 운영자 Rob, 그의 아내 Teryn과 창의적인 네 자녀 Jack, Hadley, Austin, Olivia가 함께 예술 작품을 만드는 모습을 공유한다. 시청하는 아이들이 즐거운 창작활동을 하도록 돕는다.

ARPO The Robot 구독자 770만명, 영상 수 1.3천개

장난꾸러기 아기 다니엘을 돌보며 다양한 모험을 떠나는 친절하고 도움이 되는 로봇 ARPO에 대한 애니메이션 에피소드를 선보인다. 콘텐츠는 유머, 액션, 마음이 따뜻해지는 순간으로 가득 차 있으며 ARPO의 문제 해결 기술과 다니엘을 안전하게 지키기 위한 헌신을 보여준다. 각각의 에피소드는 친절함, 인내, 창의성과 같은 가치를 미묘하게 가르치면서, 즐거움을 주는 이야기를 들려준다.

Robocar Poli 구독자 763만명, 영상 수 2.8천개

변신 로봇 경찰차 폴리와 그의 친구들이 주인공으로, 그들은 브룸스타운에서 발생하는 다양한 문제를 해결하며, 어린이들에게 안전 교육과 사회성을 가르친다. 각 에피소드는 팀워크, 도움, 안전 규칙 등의 주제를 다루며 어린이들이 중요한 교훈을 배울 수 있게 한다. 생동감 있는 애니메이션과 흥미진진한 이야기 전개는 어린이들의 시선을 잡아 둔다.

HiHo Kids 구독자 542만명, 영상 수 1천개

아이들이 새로운 경험을 하고, 여러 가지 음식을 맛보면서, 솔직한 반응과 생각을 공유하는 콘텐츠를 제공하는 채널이다. 이 채널은 다양한 어린이 그룹의 재미있고 통찰력 있는 관점을 제공하는 "Kids Try", "Kids Description" 및 "Kids Meet"과 같은 인기 시리즈로 유명하다. HiHo Kids는 어린이의 눈을 통해 호기심, 개방성, 발견의 기쁨을 공유하는 플랫폼을 만드는 것을 목표로 한다.

Coilbook™ | Learning For Children
구독자 515만명, 영상 수 151개

어린이들이 보기 좋은, 색깔이 예쁜 교육용 3D 애니메이션 영상들을 볼 수 있다.

Pororo the little penquin 구독자 490만명, 영상 수 3.1천개

한국에서 만든 캐릭터 뽀로로가 해외에서도 인기를 얻으면서 유튜브 채널(한국어, 영어)이 생겼는데 그 중 영어채널이다. 외국 아이들도 뽀로로를 엄청 좋아한다. 앙증맞은 캐릭터들이 쉽고 재미있는 영어를 적당한 속도로 말한다. 아이들에게 처음보여 주기 좋은 채널들 중 하나다.

Super simple ABCs 구독자 475만명, 영상 수 223개

어린이들을 위한 알파벳 학습 유튜브 채널이다. 창의적인 노래와 간단한 게임, 애니메이션을 통해, 아이들이 영어 알파벳을 쉽게 배울 수 있도록 도와준다. 교육적이고 즐거운 콘텐츠로 전 세계 부모와 교사들에게 인기를 끌고 있다.

KidsTV123 구독자 484만명, 영상 수 259개

어린이 대상으로 한 교육용 노래와 동영상을 올린다. 숫자, 문자, 발음 및 모양을 포함한 다양한 주제를 다루는 간단한 애니메이션과 아이 귀에 순한 음악이 돋보인다. 콘텐츠는 재미와 교육을 모두 제공하도록 설계되어, 미취학 아동과 초등 저학년 어린이에게 적합하다.

Fun Caboodle 구독자 428만명, 영상 수 719개

가족 친화적인 어린이 채널. 다양한 공예품, DIY 프로젝트, activity books, 여러가지 가상 놀이(pretend play) 영상을 볼 수 있다.

Ben and Holly's Little Kingdom - Official Channel 구독자 382만명, 영상 수 1.6천개

Peppa Pig의 제작자가 만든 채널. 작은 요정과 요정왕국의 모험을 다룬다. 리틀 킹덤에는 홀리 공주와 그녀의 가장 친한 친구인 벤이 살고 있다. 이 두 주인공은 함께 신기하고 놀라운 모험을 한다. 홀리는 아직 마술을 배우고 있는 어린 요정이고, 벤은 엘프이다. 각각의 영상은 우정, 협력, 타인 이해 등의 가치를 강조하여 어린이들의 정서적 성장을 돕는다. 생동감 넘치는 영상과 이야기 전개는 어린이들의 흥미를 끌며, 상상력을 키워주고 교훈적인 메시지를 전달한다.

Thomas and Friends 구독자 353만명, 영상 수 2.3천개

토마스 기차는 아이들을 소도르 섬을 가로지르는 여행으로 데려가며 그 과정에서 귀중한 인생 교훈을 가르친다. 토마스는 어린 시절을 즐기면서, 시행착오를 통해 최고의 엔진이 되기 위해 노력하는 캐릭터다. 물론, 토마스는 모든 모험에서 항상 친구(Percy, Nia, Kana, Diesel 등)들을 곁에 둔다. 각 에피소드에는 두려움에 직면하기, 좋은 친구가 되기, 항상 혼자 문제를 해결할 필요는 없다는 사실 배우기 등 미취학 아동에게 중요한 교훈이 포함되어 있다.

AKN Kids House 구독자 316만명, 영상 수 1천개

유치원생과 유아를 위한 3D 애니메이션, 색칠하기 같은 유아교육 영상을 만든다. 이 채널에서는 마커펜으로 그리기, 색상 활용 등 아이들의 손재주 향상에 초점을 맞춘 색칠 활동 외에도, 과일과 채소 분류하기 같은, 아이들의 인지 능력을 향상시키는 활동 영상을 볼 수 있다.

Gecko's Garage - Trucks for Children
구독자 311만명, 영상 수 1.1천개

친절한 정비사 Gecko와 그의 친절한 기계들이 팀을 이뤄 여러 종류의 자동차를 수리하고 유지관리하는 에피소드를 보여준다. 미취학 아동에게 색상, 모양, 숫자를 가장 즐거운 방식으로 가르친다. 영상들은 모험과 교육 콘텐츠를 결합하여 아이들에게 다양한 유형의 차량과 기본 기계 개념도 가르친다. 활기찬 에듀테인먼트 시리즈라 할 수 있다. 문제 해결 기술과 팀워크를 장려한다.

Cbeebies 구독자 295만명, 영상 수 3.8천개

영국 BBC가 운영하는 어린이 방송국 CBeebies의 다양한 프로그램들을 제공하는 공식 채널이다. 이 채널은 유아와 미취학 아동을 대상으로 하며, 재미있는 콘텐츠를 통해 아이들의 학습과 발달을 지원한다. CBeebies의 영상들은 미취학 아동 시청자에게 기쁨과 놀라움을 선사하는데 초점을 맞춰 기획된다. 인기 프로그램으로는 "Hey Duggee.", "Bluey," 등이 있으며, 노래, 이야기, 공예 활동 등 다양한 영상들을 포함하고 있다. 영국에서 6세 이하 어린이가 가장 많이 시청하는 채널. 부모와 아이들이 함께 시청하며, 창의력과 상상력이 자극받는 경험을 할 수 있다.

Caillou - WildBrain 구독자 263만명, 영상 수 2.7천개

 상상력이 풍부하고 사랑스러운 4살 까이유를 만나볼 수 있다. Caillou는 전 세계 시청자가 공감할 수 있는 어린 시절의 모든 경이로움을 경험한다. 애완동물 돌보기, 새로운 스포츠 배우기, 가족과 함께 시간 보내기 등을 보여 준다. 미취학 아동은 믿을 만한 친구 Caillou, 그의 여동생 Rosie, 그리고 모든 가족 및 친구들과 함께 어린 시절의 일상적인 모험을 경험하면서, 집 같은 편안함을 느낄 것이다.

Go Buster - Bus Cartoons & Kids Stories
구독자 245만명, 영상 수 1천개

 주요 캐릭터인 작은 노란색 버스 버스터의 모험을 보여준다. 재미있는 이야기를 통해 어린이들에게 다양한 교훈을 전달한다. 영상에서 버스터는 친구들과 함께 문제를 해결하고, 새로운 것을 배우며 성장한다. 또한, 이 채널은 유아와 어린이를 대상으로 한 노래, 놀이, 그리고 창의력을 자극하는 콘텐츠도 포함하고 있다.

Baby Sensory - Calming Bedtime Songs for Babies 구독자 214만명, 영상 수 968개

 이 채널 "아기를 위한 차분한 취침 시간 노래"는 유아가 긴장을 풀고 잠들 수 있도록 고안된 차분하고 부드러운 음악을 제공한다. 이 채널에는 아기를 위한 고요한 취침 환경을 조성하는 차분한 자장가, 평화로운 멜로디, 감각적인 동영상 모음이 포함되어 있다. 각 영상은 아기의 감각을 긍정적인 방식으로 자극하여 휴식과 더 나은 수면 습관을 촉진하도록 제작되었다. 일반적으로 0~3세 연령층의 영유아에게 적합하다.

Kids Learning Tube 구독자 208만명, 영상 수 811개

지리, 과학, 건강 등의 주제를 다루는 교육 영상을 제작한다. 아이들이 흥미를 갖고 기억에 남는 학습을 할 수 있도록 중독성 있는 노래와 다채로운 애니메이션을 사용한다. 아이들이 재미 있고 접근 가능한 방식으로, 지식과 정보를 흡수하도록 돕는 콘텐츠를 제작한다.

Cosmic Kids Yoga 구독자 161만명, 영상 수 1.1천개

어린이를 위해 특별히 제작된 매력적인 요가 및 마음챙김 동영상을 제공한다. Jaime Amor가 진행하는 이 채널은 상상력이 풍부한 스토리텔링과 다채로운 영상으로, 아이들에게 요가 자세와 휴식 운동을 하도록 안내한다. 부모와 교육자들 사이에서 인기가 높은 이 채널 영상들은 따라하기 쉬운 방식으로 신체 활동, 정신 건강 및 마음챙김을 장려한다.

Scratch Garden 구독자 122만명, 영상 수 286개

노래와 애니메이션을 통해 숫자, 알파벳, 과학, 예술 등을 가르친다. 각 에피소드는 창의적이고 유머러스한 접근으로 아이들의 관심을 끌며 학습을 돕는다. 영어, 과학, 미술, 기초수학연습, 코딩, 사회생활 배우기 등에 대한 컨텐츠를 만든다. 영상은 시청각 요소가 풍부해서 어린이들이 쉽게 따라 하고 기억할 수 있다.

Super Simple Play with Caitie!
구독자 122만명, 영상 수 457개

 Caitie라는 활기차고 친근한 진행자가 주인공이다. 아이들과 함께 다양한 활동을 하며 학습을 돕는다. Caitie는 노래, 견학, 이야기, 공예, 요리 등 다양한 주제를 다루며, 아이들에게 창의적인 놀이와 학습 경험을 하게 한다. 각 컨텐츠는 교육적이면서도 재미있게 구성되어 있어서, 어린이들이 즐겁게 참여할 수 있다. 시청하는 아이들은 놀면서 색상과 숫자를 배우고 주변 세계를 탐험한다.

Treehouse Direct 구독자 121만명, 영상 수 2.7천개

 새롭고 흥미로우며 상상력이 풍부한 어린이 만화를 볼 수 있는 곳이다. Max & Ruby, Backyardigans, Franklin, Berenstain Bears, Miss Spider, 등 귀여운 캐릭터들이 나온다. 만화들은 우정, 문제 해결, 가족을 주제로 한 건전한 이야기들을 그려낸다. 고품질 어린이 프로그램에 초점을 맞춘 캐나다 TV 네트워크인 Treehouse TV의 확장판.

Daniel tiger 구독자 117만명, 영상 수 1천개

 Daniel Tiger와 그의 친구들이 일상의 어려움을 헤쳐 나가고, 귀중한 삶의 교훈을 배우는 과정을 따라가는 영상을 제공한다. 어린 시청자들에게 사회/정서적 학습, 친절함, 문제 해결 기술을 가르치기 위한 교육자료로 이용될 수 있다.

Rainbow Junior - English 구독자 112만명, 영상 수 729개

영어 학습을 위한 애니메이션 콘텐츠를 제공하여, 시청자의 언어 능력을 향상을 돕는다. 각 영상은 어린이들이 즐겁게 학습할 수 있도록 구성되어 있다. 어린이들이 영어를 자연스럽게 습득하고, 더 넓은 세계를 이해하는 데 도움이 된다. 아이의 보호자들은 이 채널을 통해 아이들의 언어능력 발전을 지원하고 학습 동기를 높일 수 있다.

Smile and Learn-English
구독자 105만명, 영상 수 915개

3~12세 어린이를 위한 교육 플랫폼. 경험 많은 교육 전문가가 디자인한 독특한 교육 자료를 접할 수 있다. 지리, 역사, 읽기 쓰기 능력, 과학, 감정, 요가 등에 관한 흥미로운 영상들이 포함되어 있다. 채널홈에서 더보기를 누르면 자료를 내려 받을 수 있는 링크가 있다.

StoryTime at Awnie's House
구독자 98만명, 영상 수 272개

유명 크리에이터 Awnie가 그림 동화책을 읽어 준다. 어니의 음성이 들리면서, 각 페이지가 화면에 클로즈업된다. 밝고 상냥한 목소리로 읽어 주기 때문에, 아이들이 저절로 귀를 쫑긋하고 듣게 만든다. 다채로운 그림과 함께 다양한 동화를 읽어준다.

Red Ted Art 구독자 96만명, 영상 수 1.4천개

모든 연령대가 쉽게 따라할 수 있는 공예품 제작 아이디어가 돋보이는 채널. 공예품들이 일상용품을 재료로 만들어지므로 영상을 따라 하면 바로 공예품을 만들 수 있다. 유용한 여러 재생목록이 있다.

Simon Super Rabbit[English]
구독자 93.2만명, 영상 수 694개

주인공인 시몬 슈퍼 래빗과 그의 부모, 그의 사랑스러운 남동생 Gaspard, 그의 조부모, 그리고 그의 가장 친한 친구 Lou와 Ferdinand가 등장한다. 호기심을 유발하는, 매력적인 캐릭터들이 함께 경험하는 모험을 그린다. 어린이들이 즐거운 시간을 보내며 다정한 유머를 느끼게 해준다.

Preschool Prep Company 구독자 82만명, 영상 수 842개

이 채널은 알파벳, 숫자, 색깔, 형태 등 기본적인 개념을 어린이들이 쉽게 배울 수 있도록 도와준다. 덧셈과 뺄셈, 곱셈과 나눗셈을 효과적으로 가르치는 기초 수학 시리즈를 포함한다. 각 영상은 반복적이고 명료한 애니메이션을 통해 어린이들이 학습 내용을 자연스럽게 습득할 수 있게 한다. 친근한 캐릭터들이 등장하여 어린이들의 관심을 끌며, 학습을 즐겁게 만든다.

Carl's car wash 구독자 81만명, 영상 수 123개

 주인공 Carl이 다양한 차량을 깨끗하게 세차해 주는 이야기를 중심으로 전개된다. 각 에피소드에서는 각종 차량이 등장하고, Carl이 차를 수리하는 과정을 통해, 아이들은 문제 해결 능력과 기초적인 차량 지식을 배울 수 있다. 밝고 생동감 있는 애니메이션은 어린이들의 시선을 사로잡으며 학습을 즐겁게 만든다. 아이들에게 깨끗함과 책임감을 가르치는 데 도움이 되는 유익한 콘텐츠를 제공한다.

Storyline Online 구독자 71.3만명, 영상 수 138개

 수상 경력이 있는, 어린이 문맹 퇴치를 위한 웹사이트다. 창의적으로 제작된 일러스트레이션과 함께, 유명 배우들이 출연하여 동화책을 읽어 준다.(오프라 윈프리가 읽어 주는 책도 있다) 상상력을 자극하는 영상들로 어린이들의 독서에 대한 사랑을 고취시키는 데 도움을 준다. 전 세계 어린이 영어 학습자의 이해력과 쓰기 능력을 강화하는 것을 목표로 한다.

Cute Easy Drawings 구독자 67만명, 영상 수 1.1천개

 모든 연령대를 위한 귀여운 그림 그리기 채널이다. 재미있는 영상을 보면서, 그림 그리기를 배울 수 있다. 매일 새로운 그림 그리기 레슨이 추가된다. 아이들이 그림을 그릴 수 있고, 부모도 함께 참여할 수 있는 콘텐츠가 많다. 그리기 쉬운 것들이 많아서 초보자에게 적합하다. 아이들이 그림 그리는 재미를 알도록 도와주는 채널이다.

Illuminated Films 구독자 64만명, 영상 수 160개

독특하고 예술적인 스타일의 애니메이션 영화들을 전문적으로 올린다. 이 채널은 창의적인 이야기와 애니메이션을 좋아하는 어린이와 성인들을 대상으로 한다. 시각적으로 보기 좋은 고품질 콘텐츠를 선보인다. 고전 문학을 영화로 만든 것도 있고, 각색된 원작을 영화화한 것도 있다.

Bread Barbershop 구독자 52만명, 영상 수 1천개

이 채널은 빵이 인형과 함께 미용실을 운영하는 이야기를 다루며, 다양한 손님들의 헤어 스타일을 만들어주는 과정을 보여준다. 귀여운 캐릭터들이 어린이들을 즐겁게 해준다. 어린이들에게 창의성과 팀워크의 중요성을 유머러스하게 알려주는 유익한 콘텐츠를 제공한다.

Crafting Hours 구독자 50.8만명, 영상 수 686개

공예 배우기 채널. 종이 공예, 부활절 공예, 종이 접기, 집 장식 공예, 종이 비행기, 종이 꽃, 크리스마스 공예, 새해 카드, 발렌타인 데이 카드, 스크랩북, 인사말 카드, 어머니날 카드, 아버지날 카드, 팝업 카드, 선물 상자 및 포장, 폐기물 공예, 신문 공예, 폐기물 병 공예, 벽 장식 공예품, DIY 아이디어 등에 관한 영상들을 올린다.

Titipo titipo the little train 구독자 45만명, 영상 수 253개

 주인공인 귀여운 작은 기차 타이티포와 그의 친구들은 레일 랜드에서 다양한 모험을 경험하며 함께 문제를 해결한다. 어리고 모험심 많은 주인공은 다른 열차와 함께 생활하는 방법을 막 배우는 중이다. 각 컨텐츠는 협력과 우정, 문제 해결 능력 등을 강조하며, 어린이들의 성장과 학습을 돕는다. 화려하고 유쾌한 애니메이션은 어린이들의 시각적인 호기심을 자극하며 재미와 학습을 조화롭게 제공한다.

Little princess 구독자 44만명, 영상 수 558개

 유명한 어린이 동화 캐릭터를 기반으로 한 채널. 주인공 Little princess는 에너지와 매력, 세상에 대한 질문으로 가득찬 아이다. 이 채널은 주인공과 그녀의 친구들이 함께하는 다양한 모험을 그린다. 에피소드들은 공주의 억누를 수 없는 호기심과 상상력을 바탕으로 한 이야기를 중심으로 펼쳐진다. 기발하고 유머러스한 상황들이 어린이들의 관심을 끌어당긴다. 부모들이 아이들에게 소통, 우정, 상상력 등의 가치를 가르치는 데 도움이 된다.

The bumblenums 구독자 41만명, 영상 수 75개

 세 명의 귀여운 요리사 Grumble, Humble, 그리고 Stumble이 주인공으로, 그들은 매 에피소드마다 특별한 요리를 만들기 위해 모험을 떠난다. 영상들은 숫자와 기본적인 수학 개념을 자연스럽게 학습할 수 있도록 구성되어 있다. 장면과 흥미로운 이야기 전개는 어린이들의 관심을 끌며, 요리 과정을 통해 창의성과 문제 해결 능력을 키워준다.

Little bear 구독자 24만명, 영상 수 68개

리틀 베어와 친구들이 주변 세계를 탐험하면서 겪는 온화한 모험을 보여 준다. 우정, 상상력, 호기심과 같은 가치를 장려하면서, 어린 아이들에게 안전하고 흥미로운 시청 경험을 선사한다.

Mr. Monkey, Monkey Mechanic
구독자 17만명, 영상 수 42개

주인공인 원숭이 기술자가 이런 저런 차량과 기계를 수리하는 이야기다. 공구들을 적절하게 사용하면서, 이웃에 있는 모든 동물을 도와주는 원숭이! 각각의 영상은 원숭이 기술자가 창의적인 해결책을 찾아서 문제를 해결하는 과정을 담아내며, 어린이들에게 기초적인 공학 원리를 이해하기 쉽게 소개한다. 이야기 구조가 간단해서 어린이들이 쉽게 이해하고 즐길 수 있다. 아이들이 문제 해결 능력을 기르고, 창의성을 키우는 데 도움이 된다.

Boey Bear - Toddler Learning Videos
구독자 15만명, 영상 수 135개

사랑스러운 곰 캐릭터인 Boey의 모험을 중심으로 한 동영상을 제공하는 채널. 이 채널은 흥미로운 이야기, 다채로운 애니메이션, 조기 학습에 초점을 맞춘 영상을 통해, 어린 아이들을 교육하고, 즐겁게 하는 것을 목표로 한다. Boey Bear는 미취학 아동의 호기심과 학습을 장려하는 영상들을 제공한다.

2. 초등학교 1~2학년용

Ryan's World 구독자 3710만명, 영상 수 2.8천개

 현재 가장 많은 수입을 올리는 어린이 유튜버 중 하나인 라이언콜이 운영하는 채널. 어린이들의 호기심을 자극하고, 즐거운 경험을 공유하는 영상이 많다. 라이언의 게임, 장난감 리뷰, 과학실험, DIY 예술, 공예품 만들기, 일상 생활 등의 주제를 다룬다. 라이언의 유명세는 그의 열정적인 에너지와 친근한 성격에 기반하며, 라이언이 만드는 콘텐츠들은 가족과 함께 시청하기 좋다.

Nick Jr. 구독자 3000만명, 영상 수 5.4천개

 어린이 TV 네트워크인 Nick Jr.의 다양한 프로그램들을 제공하는 공식 채널. 인기 프로그램으로는 "Paw Patrol", "Blaze and the Monster Machines", "Dora the Explorer,", "Peppa Pig" 등이 있다. 창의력과 상상력을 자극하는 유익한 영상들이 아주 많다. 전체 에피소드를 Nick Jr. 무료앱과 Nickjr.com에서 언제 어디서나 시청할 수 있다.

Bounce Patrol - Kids Songs
구독자 2960만명, 영상 수 380개

 동요 채널. 출연자와 함께 움직이고, 몸을 흔들고, 노래하면서 색상, 숫자, 동물, 알파벳 등을 배우는 영상들을 제공한다. 호주 멜버른 출신의 활기 넘치는 공연자(Jacinta, Jackson, Alyssa, Will, Rachel)들이 어린아이와 그 가족들이 함께 즐길 수 있는 음악을 만든다. 이 채널 동요에는 춤추게 만드는 비트가 있어서, 아이들이 에너지를 발산하게 한다. 알파벳 노래 등 교육 컨텐츠도 있고, 출연자들의 의상과 안무가 돋보이는 뮤직 비디오도 있다.

ToyPudding TV 구독자 2720만명, 영상 수 2.4천개

어린이를 대상으로 한 다양한 장난감 개봉 동영상, 모험 놀이, 애니메이션 콘텐츠를 제공한다. 액션 피규어, 인형, 깜짝 달걀(내부에 작은 장난감이나 조각상이 들어 있음. 숨겨진게 공개되는 기대감으로 어린이들이 좋아함) 같은 인기 장난감을 선보이며, 재미있는 이야기와 창의적인 놀이 시나리오를 함께 선보인다. 어린 시청자의 관심과 상상력을 사로잡도록 디자인되었으며, 새로운 장난감과 상상 속의 이야기를 보는 것을 즐기는 어린이들 사이에서 인기가 높다.

Diana and Roma EN 구독자 2650만명, 영상 수 600개

다이애나, 로마, 어린 올리버와 그들의 부모가 놀고, 배우고, 노래하는 등 일상의 모습을 공유한다. 다이애나와 로마와 함께 세상을 경험하고 노래, 숫자, 자연, 색상, 모양, 동물 등에 대해 상상력이 풍부한 스토리라인을 통해 배운다. 다채로운 설정과 매력적인 이야기로 가족의 가치와 창의성을 장려하는 동시에 시청자의 마음을 사로잡는다.

CKN 구독자 1880만명, 영상 수 491개

호주 출신의 아이들인 캘럼과 코니가 운영하는 장난감 리뷰 및 어린이 콘텐츠 채널. 다양한 장난감을 검토하고 테스트하며, 가지고 노는 동영상을 보여준다. CKN Toys는 주로 디즈니, 마블, 트랜스포머 등 인기 있는 장난감 브랜드의 제품을 다루어, 많은 어린이들의 관심을 끌고 있다. 각 영상은 어린이들이 실제로 사용해 볼 수 있는 장난감의 기능과 재미를 보여준다.

Netflix Junior 구독자 1680만명, 영상 수 2.4천개

Netflix에서 시청할 수 있는 인기 프로그램의 클립, 예고편, 전체 에피소드 등 어린이를 위한 다양한 콘텐츠를 제공하는 채널이다. 방영된 인기 시리즈로는 "CoComelon", "StoryBots", "Gabby's Dollhouse" 등이 있다. 이 채널은 매력적인 애니메이션, 기억에 남는 노래 등을 통해 어린이 시청자에게 즐거움을 준다. Netflix Junior는 광범위한 어린이용 프로그램의 미리보기를 제공함으로써, 부모가 Netflix에서 제공하는 가족 친화적인 영상을 찾을 수 있도록 돕는다. Netflix의 스트리밍 서비스를 보완하는 안전한 플랫폼 역할을 한다.

PJ Masks Official 구독자 832만명, 영상 수 7.8천개

주인공인 세 명의 어린이 영웅인 Catboy, Owlette, Gekko가 밤마다 악당들과 싸우는 이야기를 다룬다. 이 채널은 주로 초등학교 저학년 어린이를 대상으로 하며, 모험을 통해 우정, 팀워크, 문제 해결의 중요성에 대해 알려준다. 애니메이션과 흥미로운 스토리라인을 통해 아이들은 영웅들이 악당들을 물리치는 과정을 즐겁게 따라간다.

My little Pony official 구독자 531만명, 영상 수 3.4천개

이 채널은 주로 여성적인 가치와 우정, 성장 등을 다루며, 다채로운 색감과 독특한 캐릭터들이 특징이다. 영상들은 어린이들에게 우정과 협력, 자신감을 가진 여성적인 가치에 대한 이해를 높여주는 데 도움이 된다.

Super wings TV 구독자 379만명, 영상 수 1.4천개

주인공인 제트와 그의 비행기 친구들이 세계 각지로 여행하면서, 어린이들에게 소중한 물건을 배달하고 문제를 해결하는 모험을 그린다. 배달할 때마다 Jett는 친구 Super Wings와 함께 해결해야 하는 새로운 문제에 직면한다. "SUPER WINGS TV"는 어린이들에게 우정, 협력, 타인을 도와주는 가치 등을 가르치는 데 도움이 된다.

Dream English Kids 구독자 356만명, 영상 수 873개

아이들이 흥미로운 방식으로 영어를 배울 수 있도록 중독성 있는 노래와 동영상을 제공한다. 초등 저학년, 미취학 아동, 특수교육 아동, ESL, EFL 및 영어 학습 아동, 자폐 아동 모두에게 좋은 노래들이다. 음악가이자 교육자인 Matt가 만든 이 채널은 동물, 숫자, 일상 활동과 같은 주제를 통해 알파벳, 어휘, 발음, 모양, 색상, 숫자, 동물 등을 가르치는 다양한 노래를 들려준다. 대화형 콘텐츠로 영어 학습을 즐겁고 효과적으로 만들도록 설계되었다. dreamenglish.com에서 50개 이상의 어린이 노래 MP3를 무료로 다운로드할 수 있다.

It's AumSum Time 구독자 354만명, 영상 수 1.2천개

과학과 기술에 관한 영상을 제공한다. 동화 형식으로 과학적인 개념과 현상을 설명하며, 재미있는 애니메이션과 명쾌한 해설이 나온다. 시청자들은 자연 현상, 우주 탐험, 환경 문제, 생물 다양성 등 의 주제에 대해 쉽게 이해할 수 있다. 아이들의 과학기술에 대한 관심을 높이고 이해를 돕는다.

Fireman Sam 구독자 351만명, 영상 수 1.9천개

"Fireman Sam" 시리즈는 가상의 웨일스 마을 폰티팬디에서, 헌신적인 소방관과 그의 팀이 하는 모험에 관한 것이다. 안전, 지역 사회 봉사, 팀워크라는 주제를 강조하는 흥미롭고 교육적인 콘텐츠를 제공한다. 아이들은 안전 관행과 다른 사람을 돕는 것에 대한 중요한 교훈을 배우게 된다. 이 채널에는 전체 에피소드, 편집물(영상들을 이어 붙인 것), 특별 콘텐츠가 포함되어 있다.

Life Noggin 구독자 320만명, 영상 수 676개

과학, 인류학, 건강, 역사 등의 주제에 대해 탐구하고 설명하는 영상을 제작한다. 복잡한 주제를 이해하기 쉽게 설명하며, 시각효과를 활용하여 시청하는 아이들의 호기심을 자극한다. "갑자기 고양이들이 모두 사라진다면?, 지구에 수십 개의 달이 있다면 어떨까?" 등의 재미있는 가정적 질문에 대한 답으로 컨텐츠를 만들어 어린이들이 생각할 거리를 제공한다. 때론 댓글을 채택하여 영상을 만든다.

T-Rex Ranch - Dinosaurs For Kids
구독자 286만명, 영상 수 938개

아이들에게 자연과 선사 시대 세계에 대해 가르쳐줘서 어린이 열성팬이 많은 곳. 공룡과 모험을 주제로 공룡에 대한 호기심을 키워주는 콘텐츠를 만든다. Park Ranger Aaron과 Park Ranger LB가 공룡 관련 모험을 떠나는 이야기로 구성되어 있다. 아이들은 흥미진진한 공룡 탐험 영상을 보며 공룡에 대한 지식을 쌓을 수 있다. 공룡에 관심이 있는 어린이들에게 강추한다.

PBS Kids 구독자 238만명, 영상 수 3.7천개

미국 공영 방송국 PBS의 어린이 프로그램을 제공하는 공식 채널이다. 이 채널은 유아와 초등학생을 대상으로 하며, 인기 프로그램으로는 "Arthur", "Sesame Street" 등이 있다. 아이들이 따라하는 사랑스런 캐릭터가 등장한다. PBS KIDS VIDEO 앱으로 모바일 장치에서 시청할 수 있다. https://pbskids.org/video/ 에서 언제 어디서나 무료로 영상을 시청할 수 있으며, https://pbskids.org/games에서는 무료 교육용 게임도 즐길 수 있다.

Deep Look 구독자 220만명, 영상 수 301개

자연 세계의 세밀한 부분을 고화질로 탐구하는 과학 시리즈를 제공하는 채널. 캘리포니아 공영 방송국 (KQED)와 PBS Digital Studios가 공동으로 제작하여, 주로 4K 해상도 매크로 촬영 기법을 사용하여 작은 생물과 자연 현상을 자세히 보여준다. 시청자들은 동물, 식물, 곤충 등의 생태계와 그들의 행동을 정말 가까이에서 생생하게 관찰할 수 있다. Deep Look은 시각적으로 놀라운 영상과 과학적 설명을 결합하여 시청자가 자연 세계에 대한 경외심을 갖게 도와준다. 자연의 복잡성과 아름다움을 전달하는 데 중점을 둔다.

Cupcake Squad 구독자 193만명, 영상 수 956개

가족친화적이며 어린이 친화적인 채널. 인형 이야기, 게임, DIY 슬라임, 어린이를 위한 미술 및 공예, 새 장난감 언박싱 영상들을 올린다. 여자 아이들이 좋아할 만한 여러가지 장난감을 가지고 노는 컨텐츠가 많다.

Octonauts 구독자 157만명, 영상 수 1.7천개

Octonauts는 바다 밑에서 문제가 발생할 때마다, 즉각 행동을 개시하는 기발하고 용감한 모험 영웅들로 구성된 역동적인 8인조 팀이다. Gups라고 불리는 수중 차량 함대를 갖춘 그들의 임무는 새로운 수중 세계를 탐험하고, 놀라운 바다 생물을 구출한 후, 안전하게 귀환하는 것. 각각의 영상은 지식과 모험을 버무려 어린이들에게 과학과 자연에 대한 이해를 높여준다. 또한 어린이들이 바다 생물을 배우고 환경의 중요성을 깨닫는 데 도움이 된다.

True the rainbow kingdom 구독자 139만명, 영상 수 1천개

True와 Rainbow Kingdom은 지능적이고 용감한 여주인공인 8세 True와 그녀의 유쾌한 가장 친한 친구인 고양이 Bartleby가 Rainbow City의 변덕스러운 시민들을 구출하는 과정을 보여준다. 장난기 많은 캐릭터들은 어린이들의 상상력과 호기심을 자극하며 용기, 우정, 창의성, 문제해결 등의 가치에 대해 알게 해 준다. 이 채널 영상들은 Guru Studio가 세계적으로 유명한 아티스트 집단인 FriendsWithYou 및 Home Plate Entertainment와 협력하여 제작했다.

SciShow Kids 구독자 117만명, 영상 수 586개

어린이들을 위한 과학 교육 콘텐츠 채널. 영상들은 여러 방면 과학 주제를 쉽고 재미있게 설명한다. 매주 진행자인 Jessi와 그녀의 로봇 쥐 친구 Squeaks, 그리고 Fort의 모든 친구들이 함께 실험, 탐구, 인터뷰 등을 통해 과학 개념을 이해하기 쉽게 풀어준다. 영상들은 생물학, 물리학, 지구 과학 등의 분야를 아이들이 흥미롭게 배우는 데 도움이 된다. 교사들이 많이 구독하는 채널.

Nat Geo Kids 구독자 115만명, 영상 수 935개

 아이들을 대상으로 자연, 과학, 문화, 역사 등의 주제에 대한 콘텐츠를 만든다. 매주 상어, 호랑이, 사자와 같은 멋진 동물, 애완동물 등이 등장하는 새로운 영상을 올린다. 애니메이션과 실제 촬영 영상을 활용하여, 어린이들의 호기심을 자극하고 학습을 촉진한다. 어린이들이 쉽게 이해할 수 있는 방식으로 자연과 문화에 대한 이해를 높이고, 지구 상의 다양한 생명체에 대해 탐구하도록 돕는다.

KiddieToysReview 구독자 84만명, 영상 수 152개

 LEGO, Play-Doh, Disney와 같은 인기 브랜드부터 깜짝 달걀에 이르기까지 다양한 장난감을 개봉하고 리뷰하는 데 중점을 둔다. Ely, Ela, Baby Amy등이 출연자. 이 채널은 자세한 시연과 놀이 시나리오를 제공하여 부모와 자녀 모두 장난감의 작동 방식과 예상 내용을 확인할 수 있도록 도와준다. 자기들끼리 롤플레잉도 하고 엄마, 아빠와 게임을 하는 모습도 보여준다. 집 주변과 뒷마당공원, 실내 놀이 센터, 해변, 수영장 등 배경도 다채롭다.

SimpleCrafts - 5 Minute Crafts For All
구독자 72.5만명, 영상 수 1.4천개

 다양한 DIY(Do It Yourself) 프로젝트와 공예를 다룬다. 다양한 재료와 도구를 활용하여 간편하고 빠르게 완성할 수 있는 공예 아이디어(리얼 미니 공예품, 5분짜리 공예품, 1분짜리 공예품 등)를 공유한다. 시청자들은 집안에서 쉽게 찾을 수 있는 소재로 다양한 창작물을 만들 수 있다. 초보자부터 고급 수준의 공예가까지 여러 레벨 시청자들을 위한 영상이 있다.

AniBox Facts 구독자 67만명, 영상 수 848개

애니메이션과 카툰에 관한 팩트와 이야기를 제공하는 채널. 유명한 애니메이션 시리즈와 영화에 대한 흥미로운 정보, 배경 이야기, 그리고 비하인드 스토리를 주로 다룬다. 시청자들은 애니메이션 제작에 대한 흥미로운 사실과 세부 사항을 배우며, 자신이 좋아하는 카툰에 대한 통찰력을 얻을 수 있다. 애니메이션에 대한 열정을 공유하고, 시청자들이 애니메이션의 다양한 면을 더 깊이 이해할 수 있도록 돕는다.

Bob the Builder 구독자 55.1만명, 영상 수 1.1천개

Bob과 그의 기계 팀이 건설 프로젝트를 추진하고 지역 사회의 문제를 해결하는 과정을 볼 수 있다. 영상들의 주제는 팀워크, 문제 해결, 인내심 등이다. 보기 좋은 영상과 아이들의 귀를 사로잡는 노래로, 아이들이 창의적으로 생각하고 함께 노력하여 어려움을 극복할 수 있도록 격려한다. 또한 아이들에게 작업완료의 즐거움, 협동 등에 대한 교훈을 지루하지 않게 가르친다.

Math Songs by Numberock 구독자 52.8만명, 영상 수 191개

숫자와 수학 개념을 가르치는 노래와 동영상을 제공하는 채널. 유아용 영상부터 초등학생용 영상까지 다양한 수준이 있다. 노래/음악을 활용하여 수학을 재미있고 쉽게 배울 수 있도록 돕는다. 덧셈, 뺄셈, 곱셈, 나눗셈부터, 분수, 소수에 이르기까지 다양한 수학 개념을 다룬다. 영상들은 수학 공부를 더욱 흥미롭고 유익하게 만들어주며, 학생들의 이해도와 자신감을 높여준다. 학교 수업을 보충하고, 학습에 도움이 되는 고품질의 수학 콘텐츠를 만들어 올린다.

Chelsey DIY 구독자 30.3만명, 영상 수 650개

DIY(Do It Yourself) 프로젝트와 공예를 다루는 채널. 주로 집 꾸미기, 인테리어 디자인, 패션 아이템 제작, 헤어 스타일링, 뷰티 트릭 등에 관한 영상을 만든다. 귀여운 것을 정말 좋아한다는 첼시는 채널에서 자신의 창의력과 기술을 공유하며, 간단한 소재로 멋진 작품을 만드는 방법을 보여준다. 그녀의 친절하고 열정적인 스타일은 시청자들에게 즐거운 시간을 제공하며, DIY에 대한 자신감을 높여준다.

Rainbow Ruby wildbrain
구독자 34.3만명, 영상 수 355개

주인공인 레인보우 루비는 상상력이 풍부한 소녀로, 다양한 세계를 탐험한다. 그녀는 장난감이 살고 있는 기발한 땅인 Rainbow Village에 사는 씩씩한 어린이다. 숲 관리인부터 신발 디자이너, 사진작가까지, 여러 직업으로 변신하며, 기술들을 익히고 친구들을 도와준다. 생생한 스토리텔링으로 어린이 청중들을 매료시킨다.

Jenny W. Chan-Origami Tree
구독자 19.5만명, 영상 수 593개

스스로 마음은 어린아이라고 밝히는, 제니 W. 챈이 운영하는 종이 접기 및 공예 채널. 종이를 사용하여 예쁜 접기, DIY 프로젝트, 카드 만들기, 장식품 제작 등 다양한 공예를 가르치고 공유한다. Jenny는 친절하고 세심한 설명과 함께 종이 공예의 기초부터 고급 기술까지 알려준다. 컨텐츠는 시청자에게 창의적인 영감을 주고, 유용한 수공예품을 만들 수 있게 돕는다.

Brightly Storytime 구독자 18.7만명, 영상 수 408개

스토리텔러 Ms. Linda가 다양한 어린이 책을 읽어주는 동영상 콘텐츠를 제공한다. 이 채널은 유명한 어린이 책과 새로운 작품들을 소개하며, 아이들이 책읽기를 즐기는 성인으로 성장하도록 돕는다. 각 에피소드에서는 전문 내레이터인 Ms. Linda가 책을 읽어주고, 책의 삽화를 보여주며 생생한 독서 경험을 하게 해준다. 부모와 교사들이 아이들에게 읽어주기 좋은 도서들을 쉽게 찾고 공유할 수 있는 훌륭한 소스이다. 영상들은 아이들의 상상력과 독서 습관을 키우는 데 중점을 두고 만들어진다.

Muffalo Potato 구독자 17.1만명, 영상 수 270개

미국의 예술가 그레그로이 코우리스가 운영자. 캐릭터를 그리는 방법을 가르치고, 쉽고 재미있는 방식으로 알파벳과 숫자를 배울 수 있는 동영상이 올라온다. 크레용, 마커, 연필 또는 펜을 들고 John이 숫자와 문자만 사용하여 만화를 그리는 방법을 따라할 수 있다. 창의적인 활동을 통해 아이들의 미술 실기능력과 상상력을 키우는 데 중점을 두어 컨텐츠를 제작한다. 진행자의 친근한 이미지는 많은 어린이들사이에서 인기가 높다. 즐거운 미술 학습 경험을 제공하며, 어린이들이 독특한 방식으로 자신을 표현하며 성장할 수 있도록 지원한다.

Socratica Kids 구독자 17만명, 영상 수 231개

어린 아이들의 호기심과 학습을 장려하기 위해 고안된 동영상을 만든다. 수학, 과학, 언어, 예술 등 다양한 주제를 다룬다. 복잡한 개념을 접근 가능한 방식으로 제시하여 어린 시청자의 참여를 유도하는 것을 목표로 한다.

EZ ORIGAMI 구독자 15.2만명, 영상 수 130개

 종이 접기를 가르치고 종이로 만든 다양한 모형을 소개하는 채널. 주로 초보자를 대상으로 하며, 간단하고 쉬운 방법으로 다양한 종이 접기 기술을 가르친다. 단계별로 쉽게 안내함. 하지만 복잡한 고급 기술도 보여준다. 시청자들이 종이를 활용하여 예쁘고 유용한 작품을 만들 수 있도록 도와주며, 종이 예술에 대한 흥미를 높여준다. 종이 접기를 통해 아이들의 집중력을 향상시키는 데도 도움이 된다.

About Magic 구독자 8.3만명, 영상 수 1천개

 마술과 이론에 대한 다양한 콘텐츠를 제공한다. 아이들이 보고 학급 친구들 앞에서 공연할 수 있게 도와준다. 주로 마술 트릭의 작동 원리와 기술을 설명하며, 초보자부터 전문가까지 다양한 수준의 시청자를 대상으로 한다. 쉬운 마술과 풍선 비틀어 동물 만들기를 배울 수 있다. 준비물은 가정용품이나 기본적인 공예 재료만 있으면 된다. 마술 트릭의 경우, 특히 초보자와 어린이를 위한 단계별 설명을 제공한다.

3. 3~4학년 이상용

Brave Wilderness 구독자 2140만명, 영상 수 1천개

 자연 탐험가이자 모험가인 코요테 피터슨(Coyote Peterson)이 운영하는 채널로, 다양한 야생 동물과의 만남을 통한 자연 탐구 콘텐츠를 제공한다. 이 채널은 특히 코요테 피터슨이 독특하고 생소한 생물들과의 가까운 접촉을 통해 시청자들에게 신선한 자연 경험을 제공하는 것으로 유명하다. 그의 영상들은 동물들의 서식지, 행동, 생태에 대한 정보를 포함하며, 흥미롭고 때로는 아찔한 모험을 담고 있다.

Rosanna Pansino 구독자 1450만명, 영상 수 1.4천개

 유명 제빵사인 로잔나 팬시노가 운영자. 주로 베이킹과 요리에 관한 다양한 콘텐츠를 제공하며, 특히 인기 있는 "Nerdy Nummies" 시리즈로 잘 알려져 있다. 로잔나는 다양한 테마의 창의적인 디저트와 베이킹 프로젝트를 하나 하나 차근차근 설명한다. 영상들은 요리와 베이킹에 대한 관심을 높여준다. 새로운 레시피를 시도해보고 싶은 사람들에게 유익한 영상이 많다.

Family Fun Pack 구독자 1030만명, 영상 수 2.7천개

 크리스틴과 매트, 그리고 그들의 일란성 쌍둥이를 포함하는 일곱 자녀가 운영하는 가족 중심의 브이로그 채널이다. 모든 것에서 재미를 찾는 것을 모토로 삼았다는 이 가족은 보통 일년의 절반 정도를 여행한다. 일상, 가족 여행, 재미있는 챌린지, DIY 프로젝트 등 다양한 콘텐츠를 올린다. 영상들은 가족의 따뜻한 순간과 유머를 강조하며, 가족과 함께하는 즐거움을 전달한다.

Khan Academy 구독자 842만명, 영상 수 8.3천개

무료 교육자료를 제공하는 비영리 교육 채널. Khan Academy
는 비영리 단체의 이름이기도 하다. 수학, 과학, 문법, 물리학, 생
물학, 경제, 금융, 역사, 예술 등의 과목을 다루며, 모든 연령대
의 학습자를 대상으로 한다. 각 영상은 개념을 쉽게 설명하고 시
각적으로 이해를 도울 수 있는 그래픽과 애니메이션을 사용한다.
영상들은 자습할 수 있는 강의와 연습 문제를 통해 학습자들이
스스로 공부할 수 있도록 지원한다. www.khanacademy.org 에
서 학습자료를 내려 받을 수 있다.

The Things 구독자 680만명, 영상 수 3.3천개

엔터테인먼트 및 팝음악 관련 콘텐츠를 제공한다. 영화, TV 프
로그램, 유명인 인터뷰, 인기 배우의 비하인드 스토리, 그리고 다
양한 트렌드에 대한 영상을 제작해 올린다. 각 비디오는 유쾌한
분위기와 흥미로운 주제로 구성되어 있어 시청자들이 즐겁게 시
청할 수 있다. "The Things"는 팬덤 커뮤니티를 위한 콘텐츠
를 제공하며, 팬들이 궁금해하는 정보를 전달하는 영상을 올려
서, 다양한 관심사를 공유하고 토론할 수 있게 한다.

Peachybbies 구독자 651만명, 영상 수 2.7천개

뚜렷한 개성을 지닌 캐릭터를 중심으로 하는 기발한 애니메이
션을 제공한다. 짧은 코미디 촌극, 캐릭터가 모험을 떠나는 영상,
채널에 자주 등장하는 캐릭터를 소개하는 영상, 인터넷 트렌드와
밈을 패러디하거나 장난스럽게 해석한 영상, 우정, 친절 또는 기
타 긍정적인 가치에 대한 교훈을 유머러스하게 전달하는 영상 등
을 만든다.

Bob Ross 구독자 586만명, 영상 수 687개

화가 밥 로스의 유명한 TV 시리즈 "The Joy of Painting"을 제공하는 채널. The Joy of Painting은 1983년 부터 1994년 까지 진행된, 화가 밥이 주최하는 30분짜리 그림 그리기 교육용 TV쇼이다. 영상들은 밥 로스가 아름다운 풍경화를 그리는 과정을 단계별로 설명하며, 초보자도 쉽게 따라 할 수 있도록 도와준다. 그의 편안한 목소리와 긍정적인 태도는 시청자들에게 큰 위안을 주며, 회화에 대한 두려움을 없애준다. 각 에피소드는 다양한 그림 기법과 색채 사용 방법을 배울 수 있는 훌륭한 자원이다.

Walt Disney Animation Studios
구독자 581만명, 영상 수 613개

월트 디즈니 애니메이션 스튜디오의 공식 유튜브 채널로, 디즈니의 애니메이션 작품과 관련된 다양한 콘텐츠를 제공한다. 영상들은 디즈니 애니메이션의 제작 과정을 소개하고, 각 영화의 배경 이야기 및 제작 비하인드 신으로 구성된, 영화 시청자가 보고 싶어 하는 비디오를 제공한다. 최신 애니메이션 작품의 예고편과 제작과정 영상도 볼 수 있다.

Minute Physics 구독자 577만명, 영상 수 278개

물리학 개념을 간단하고 이해하기 쉽게 설명하는 영상을 제작한다. 이 채널은 Henry Reich가 개설했으며, 짧은 애니메이션 비디오를 통해 복잡한 물리학 이론과 원리를 명확하게 설명한다. 각 영상은 주제를 빠르게 요약하여 시각적으로 표현하여, 시청자들이 물리학을 재미있게 배울 수 있게 한다. 블랙홀, 상대성 이론, 양자역학 등에 관한 영상이 올라와 있다.

Be Smart 구독자 515만명, 영상 수 444개

Joe Hanson 박사가 만들고 운영한다. 과학과 수학을 중심으로 다양한 주제를 탐구한다. 각 에피소드는 주로 마이클 스티븐스가 진행하며, 복잡한 과학 개념을 명쾌하고 이해하기 쉽게 설명한다. 이 채널은 시청자들에게 실생활에서 적용할 수 있는 과학적 지식과 통찰을 제공하며, 호기심을 자극하는 여러 주제를 다룬다. 영상들은 고품질의 애니메이션과 그래픽을 활용하여, 시청자들이 내용을 이해하고 몰입할 수 있도록 돕는다.

Element Animation 구독자 473만명, 영상 수 163개

영국의 애니메이션 스튜디오로, "An Egg's Guide to Minecraft" 시리즈로 유명하다. 게임을 주제로 다양한 콘텐츠를 제작한다. 각 비디오는 고유한 캐릭터와 재치 있는 이야기로 구성되어 있어 시청자들이 지루하지 않게 볼 수 있다. 영상들은 애니메이션 제작에 대한 지식과 기술을 공유하고, 젊은 창작자들에게 영감을 주는 역할도 한다. 게임 팬들과 애니메이션 애호가들 사이에서 창의적인 컨텐츠로 큰 인기를 누리는 채널이다.

The Icing Artist 구독자 471만명, 영상 수 384개

케이크 장식과 제과 기술을 전문으로 하는 채널. 진행자 로리(Laurie Shannon)가 다양한 케이크와 디저트를 아름답게 장식하는 방법을 단계별로 시연한다. 각 비디오는 명확한 지침과 유용한 팁을 주기 때문에 초보자부터 숙련자까지 모두가 쉽게 따라할 수 있다. 로리의 창의적이고 실용적인 아이디어는 독특한 케이크 디자인을 만들어내는 데 도움을 준다.

Even Era TV 구독자 317만명, 영상 수 2.7천개

마술과 세계 여행을 좋아하는 Even Era가 진행자. 딸 Ava의 딸바보 아빠이기도 하다. 어린이를 위한 여러가지 놀이와 학습활동을 소개한다. 교육적 요소와 오락적 요소를 결합하여 어린이들이 즐겁게 배울 수 있도록 돕는다. 영상은 신나는 모험, 창의적인 놀이, 그리고 학습 활동에 관한 것이다. 매력적인 캐릭터들은 시청 경험을 더욱 즐겁게 만든다.

Superbook 구독자 301만명, 영상 수 1.7천개

성경 이야기를 어린이들에게 들려주는 채널. 시간을 여행하는 두 어린이와 로봇 친구(Chris, Joy, Gizmo)의 매혹적인 성경 기반 모험을 통해 어린이들에게 시대를 초월한 삶의 교훈을 가르친다. 컨텐츠는 성경의 주요 이야기와 인물을 다룬다. 각 에피소드는 윤리적 가치와 종교적 교훈을 강조하며, 어린이들에게 긍정적인 가치관을 전달한다. 무료 슈퍼북 성경 앱(go.cbn.com/Free-Superbook-App)을 다운로드하면 게임을 즐기고 더 많은 슈퍼북 에피소드를 시청할 수 있다.

The Supa Strikas 구독자 256만명, 영상 수 1.3천개

축구를 좋아하는 아이들이 아주 좋아할 만하다. 축구를 주제로 한 애니메이션. 다양한 리그와 토너먼트에서 경쟁하는 가상의 축구팀의 모험을 그린다. 생동감 넘치는 애니메이션과 매력적인 플롯을 통해 Supa Strikas 선수들의 기술과 팀워크를 보여주며, 아이들은 전략, 팀워크, 인내, 결단력, 스포츠맨십에 대해 배운다.

Rock 'N Learn 구독자 246만명, 영상 수 610개

 음악과 애니메이션을 통한 교육 콘텐츠를 제공한다. 기억에 남는 노래와 매력적인 영상을 사용하여 수학, 과학, 언어, 사회 등 다양한 과목을 가르치는 동영상을 올린다. 리듬과 운율을 교육적 개념에 접목시켜서 어린이들이 재미있고 기억에 남는 학습을 할 수 있도록 하는 것을 목표로 한다. 부모와 교사들도 많이 구독하는 채널로서 제작진은 다양한 교육분야 수상 경력이 있다.

SethBling 구독자 200만명, 영상 수 1.1천개

 게임 커뮤니티에서 많은 팬을 보유한 유명한 마인크래프트 플레이어이자 크리에이터인 세스블링의 유튜브 채널. 마인크래프트 관련 다양한 콘텐츠를 제공하며, 유튜브 커뮤니티에서 큰 인기를 누리고 있다. 세스블링은 고유한 맵과 모드, 기계 등을 소개하며, 자체 개발한 창의적인 프로젝트와 실험을 공유한다. 그의 콘텐츠는 플레이어들이 마인크래프트의 여러 가지 재미요소를 맛보게 해준다.

Super Planet Dolan 구독자 186만명, 영상 수 152개

 이 채널은 기이하고 흥미로운 사실, 신화 등에 관한 유머러스한 동영상을 제공한다. 영상에는 Dolan이 이끄는 다양한 애니메이션 캐릭터가 등장하며, 이들은 코미디 스타일로 이야기를 해설하고 특이한 질문에 답한다. 콘텐츠에는 "숲에서 발견된 가장 소름끼치는 것들", "멍청한 범죄자들"과 같은 주제가 포함되어 있으며, 유머와 호기심 중심 콘텐츠가 혼합되어 있다.

Harry Potter 구독자 151만명, 영상 수 1.3천개

 J.K. 롤링의 소설 "Harry Potter"의 팬 커뮤니티를 위한 채널이다. 해리 포터 시리즈에 대한 여러 콘텐츠를 제공하며, 책과 영화에 관한 토론, 이야기의 배경과 인물 소개, 주요 이벤트 등을 다룬다. 팬들은 채널을 통해 마법 세계를 탐험하고, 캐릭터들의 모험에 대해 더 깊이 이해할 수 있다. 애니메이션도 있고, 실사 영상도 있다. 채널홈에서 더보기를 누르면 다양한 관련 링크를 볼 수 있다.

The Brain Scoop 구독자 60.6만명, 영상 수 227개

 과학과 자연사에 관심이 있는 사람들을 위한 채널이다. 호기심 많은 과학 작가 에밀리 그래슬리(Emily Graslie)가 진행자. 주로 시카고 필드 자연사 박물관의 자료를 기반으로 다양한 주제를 다룬다. 각 에피소드는 박물관의 뒷이야기, 생물학 표본, 그리고 과학 탐구 과정을 생동감 있게 소개한다. 생생한 설명과 시각 자료를 통해 자연사와 생물학에 대해 알려준다.

Science Max - 9 Story 구독자 43.2만명, 영상 수 417개

 어린이들을 위한 대규모 과학 실험을 진행하는 교육용 채널이다. 필 맥코드(Phil McCordic)가 진행한다. 집에서도 할 수 있는 소규모 과학실험을 확대하여 과학의 원리와 결과를 극적으로 보여준다. 채널의 콘텐츠는 실험의 안전한 방법과 주의사항을 강조하며, 보는 사람들의 과학적 호기심을 자극한다. Science Max는 실생활과 연결된 과학 개념을 쉽게 이해할 수 있도록 돕고, 아이들의 창의력과 탐구 정신을 고취시키는 것을 목표로 한다.

Hoffman Academy 구독자 23만명, 영상 수 950개

피아노를 좋아하는 아이들에게 추천하는 채널. 피아니스트이자 강사인 조셉 호프만으로부터 매우 재미있는 방법으로 음악이론과, 피아노 연주하는 법을 배울 수 있다. Hoffman Academy의 온라인 음악 교육 프로그램을 통해 언제든지 집에서 훌륭한 피아노 선생님을 만날 수 있다. 사전 경험이 없는 초보자를 위해 세심하게 설계된 이 레슨 영상들은 학생들이 첫 번째 레슨부터 시작하여 즐길 수 있는 노래를 빠르게 연주할 수 있도록 돕는다. 각 레슨은 5~15분으로 주의와 집중력을 높이는 데 이상적인 길이다.

Khan Academy's Computing
구독자 10.9만명, 영상 수 180개

컴퓨터 과학과 프로그래밍을 주제로 한 채널. 프로그래밍 언어, 알고리즘, 데이터 구조 등 컴퓨터 과학의 다양한 개념을 다룬다. 각 비디오는 주제를 쉽게 이해할 수 있도록 단계별로 설명하며, 시각적 자료와 실습 예제를 제공한다. 초보자부터 고급 학습자까지 모두를 대상으로 하며, 실습과 이론을 균형 있게 배울 수 있도록 설계되었다. 영상들은 학생들이 컴퓨터 과학에 대한 깊은 이해를 갖고, 실제 프로그래밍 능력을 개발하는 데 도움을 준다.

**사교육 없이 우리아이
영어천재 만들기**

인쇄일 2024년 8월 12일
발행일 2024년 8월 19일

지은이 | 오재영
펴낸곳 | 혼공책들
출판등록 | 2023년 4월 6일
이메일 | ohjayoun@daum.net

ISBN   979-11-984495-2-8(03740)